図解でわかる

在庫管理の
基本としくみ

中小企業診断士
六角明雄

アニモ出版

は　じ　め　に

　多くの方がご存知のとおり、ビジネスの基本的な活動は、モノをつくって（仕入れて）売るという活動です。したがって、そのビジネスの対象である「モノ」、すなわち「在庫」を、上手に管理することは、ビジネスを成功させるためのカギといえます。そこで、在庫管理は、ビジネスパーソンが学ばなければならない重要なテーマのひとつになっていることは、いうまでもありません。

　実は本書は、2012年2月初版の『図解でわかる在庫管理 いちばん最初に読む本』に新しい情報を織り込んで改訂新版化したものです。つまり、同書の初版が出版されてから12年間、多くの読者の方に読まれ続けてきたことは、在庫管理が重要であることの証左のひとつといえます。

　ところで、従来から在庫管理はビジネスにとって重要であることに変わりはありませんが、年を追って、その重要性は増しつつあるようです。

　というのは、現在は技術が高度に発展し、また、多くのノウハウが蓄積されてきたため、あらゆる会社で製造（または、販売。以下、同）される製品（または、商品。以下、同）は、製品そのものの性能などでの差別化が困難になってきたからです。要は、現在は多くの会社が、高品質、かつ、低価格の製品を、容易に製造できるようになっているのです。

　そこで、ライバル企業との業績の差は、どれだけ事業活動を効率化できるかという、在庫管理をはじめとした管理活動の巧拙の差によって決まるようになりつつあると考えられます。

　また、もうひとつの傾向として、在庫管理と他の事業活動および管理活動の関係が深まってきているということがあげられます。もちろん、これまでも、在庫管理と他の事業活動および管理活動は、密接な関係にありました。しかし、前述したように、事業活動をより効率化させるためには、それらの連携の強化がさらに求められつつあるようです。

　たとえば、在庫量は最低限とすることが望ましいということは、以前

からいわれてきましたが、その主な目的は、ムダな費用を発生させず、費用を抑えるといった、財務的な視点が主なものでした。

　しかし現在は、それだけでなく、在庫量が少なければ、それを管理するための従業員の労働時間も減少させることができ、働きやすい職場づくりに資するといった考え方や、資源のムダ遣いを減らすことになり、環境にやさしい事業活動に資するといった考え方など、さまざまな視点からの取組みも求められつつあります。

　したがって、在庫管理の重要性に変わりはありませんが、事業活動全体や、顧客や社会との関わり方など、もっと広い視点で在庫管理にどう取り組むべきかという視点も必要になりつつあります。

　つまり、このような視点をもちつつ本書をお読みいただけると、本書をより活用していただけることになると思います。

　最後に、本書は、初学者の方を対象として執筆したものであり、専門性には耐えられない部分もあることをあらかじめご容赦いただきたいと思います。

　しかし、これから在庫管理を学ぼうとする方にとっては、在庫管理というテーマを体系的にご理解していただくための、最適な入門書になると考えています。

　末筆ながら、本書が、これからビジネススキルを高めていこうとしている読者の方にとって、よきガイドとなることを願うとともに、改訂新版の出版の機会をいただいた多くの読者の方、また、アニモ出版の吉渓さま、小林さまに感謝を申し上げます。

2024年6月　　　　　　　　　　　　中小企業診断士　六角 明雄

『図解でわかる 在庫管理の基本としくみ』
もくじ

はじめに

1章
そもそも「在庫」ってなんでしょう？

2章 なぜ「在庫管理」が必要になるのか

3章 在庫管理のしかたにはどんな方法があるか

4 章 適切な発注のしかたと在庫量の調整

5 章

適正な在庫はどのように決めたらよいか

6章 在庫を減らすにはどうしたらいい？

7章 経営の観点からみた在庫管理の考え方

8章 新しい在庫管理の考え方とすすめ方

CONTENTS

カバーデザイン◎水野敬一
本文ＤＴＰ＆図版＆イラスト◎伊藤加寿美（一企画）

1章

そもそも「在庫」って
なんでしょう？

まずは、「在庫」についての基礎知識からマスターしましょう。

「在庫」といえるもの・いえないもの

倉庫の保管商品、店頭の陳列商品が「在庫」

在庫とは、簡単にいうと「**将来、販売したり、生産に使ったりするために備えて所有するモノ**」のことです。

具体的には、小売業や卸売業といった流通業では、**倉庫に保管してある商品、店頭に陳列してある商品**を指します。いわゆる売りものです。もし、そこで古くなったり傷んだりしてしまい、売りものにならなくなった商品があれば、在庫ではなくなってしまいます（これを「**棚卸減耗**」といいます）。売れるものだけが、在庫ということになります。

製造業では、製品をつくるための**原材料**、製造の過程にある状態のつくりかけのもの（**仕掛品**）、取引先に販売するために出荷を待っている**製品**を在庫と呼びます。流通業との違いは、売れる状態のものでなくても**製品をつくるために必要なもの、製造過程にあるものも在庫に含まれる**という点です。

所有していなければ在庫ではない

ここでは、流通業と製造業だけを例に出しましたが、不動産業のように、**販売を目的として所有している土地**も在庫として扱われます。たとえば、広い土地を購入し、それを分譲して再販売する場合、その土地は在庫といえます。しかし、不動産業以外の会社が、自らが使うために所有している土地は、販売目的ではありませんので在庫とはいいません。

また、自らが所有していない商品は在庫とはいいません。たとえば、あるレストランのレジの近くでおもちゃが売られていたとします。しかし、そのおもちゃはレストランの所有物ではなく、あるおもちゃ屋さんが自分の商品をレストランに置いてもらっていて、おもちゃ屋さんに代わってレストランが販売代金をもらっていたとします。このようなおもちゃは、レストランの所有物ではないので、レストランからみると、在庫とはいいません。

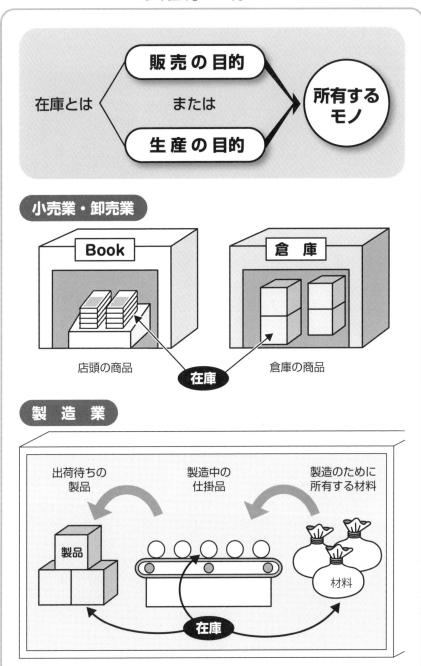

在庫とは 〈 販売の目的 または 生産の目的 〉 → 所有するモノ

小売業・卸売業

Book

店頭の商品

倉庫

倉庫の商品

在庫

製 造 業

出荷待ちの
製品

製造中の
仕掛品

製造のために
所有する材料

製品

材料

在庫

在庫と勘定科目の関係をみてみよう

いろいろな科目名で表現される

在庫は、会社の資産の一部です。在庫全体を指して、「**棚卸資産**」と呼びます。そして、棚卸資産は会社の**貸借対照表**（会社の決算日時点の資産の状況を示す表＝バランスシート、Ｂ／Ｓ）に記載されますが、棚卸資産はいくつかの**勘定科目**（貸借対照表を作成するときに使われる資産を細かく分類した名称）から構成されています。

まず、流通業ではほとんど「**商品**」という勘定科目で表わされます。棚卸資産のほとんどが商品であることから、商品という勘定科目を使わずに、単に「棚卸資産」とだけ貸借対照表に記載されることもあります。

つぎに、製造業は、在庫の状況に合わせて、以下のようにいくつかの科目に分類されています。

製 品	完成した製品のこと。販売できる状態にあるもの。
半製品	完成品ではないものの、販売できる状態にあるもの。たとえば、木製家具製造業で、木製家具を製造するために製材された木材は、完成品ではないものの、それを販売することができる状態にある場合は、半製品として分類します。
仕掛品	製造過程にある作りかけのものを指します。建設業の場合は、工事が終わっていないとき、その工事に対してそれまでに支出した経費の合計額を「未成工事支出金」という勘定科目で集計しますが、これは仕掛品と同義語です。
原材料	製品をつくる材料のこと。このほかに、塗料や触媒といった、間接的な材料を指す「補助原材料」、包装や荷造りのための資材を「貯蔵品」として分類することがあります。

◎貸借対照表（Ｂ／Ｓ）への表示のしかた◎

貸借対照表（B/S）

決算日時点の資産の状況を表わしています。資産には、在庫（棚卸資産）も含まれています。英語ではBalance Sheetと呼ばれ、B/Sと省略されることがあります。

資　産	負　債
	純資産 （自己資本）

小売業・卸売業のB/S

ほとんどが「商品」という科目で示されます。
単に、「棚卸資産」としか表示されないこともあります。

棚卸資産 商品	

製造業のB/S

棚卸資産は、「製品」「半製品」「仕掛品」「原材料」などに分類されて、表示されます。
建設業の場合は、仕掛品の代わりに、「未成工事支出金」という科目が使われます。

棚卸資産 　製品 　半製品 　仕掛品 　原材料	

在庫は金額と数量でみる

在庫は数で把握する必要がある

前項では、在庫の量を、勘定科目で分類し、金額で把握しました。

でも、在庫の量は金額だけではなく数で表わすことができます。たとえば、パンが100個、挽^ひき肉が50kg、ビスケットが20箱、さんまが30匹…などです。

では、なぜ金額だけでなく数で把握する必要があるのでしょうか。

たとえば、ある2つの時計店があるとします。金額ではA店の在庫は1,000万円、B店の在庫は500万円です。しかし、数ではA店の在庫が200個で、B店の在庫は1,000個でした。

	在庫（金額） （a）	在庫（数） （b）	単　価 （c＝a÷b）
A店	1,000万円	200個	50,000円
B店	500万円	1,000個	5,000円

A店では1個5万円程度の高級時計を中心に品揃えをしています。しかし、B店ではディスカウントストアとして1個5,000円前後の時計を中心に揃えています。その結果、A店の在庫は金額ではB店を上回っていますが、数ではB店の5分の1となっています。

詳しくは別の項で述べますが、**在庫の量は多すぎても少なすぎても好ましくありません**。A店は、在庫の数が1,000個では多すぎるでしょう。一方、B店は、在庫の数が200個では少なすぎるでしょう。このような在庫の量の適切さは、金額では判断しにくいものです。

専門用語では、金額で在庫を把握・管理することを**金額統制**（ダラー・コントロール）、数で在庫を把握・管理することを**数量統制**（ユニット・コントロール）といいます。在庫の適切さは、多面的に管理することが求められます。

◎在庫の測り方と、把握・管理のしかた◎

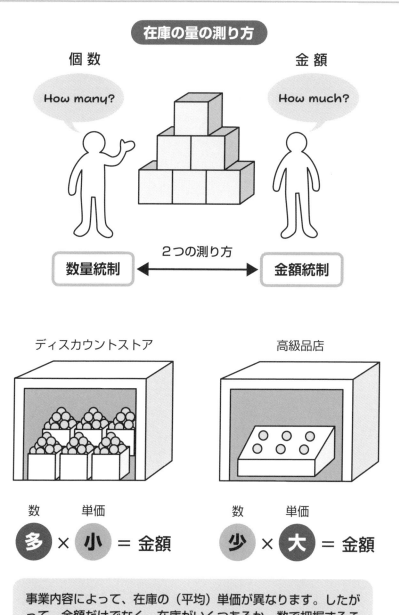

在庫の量の測り方

個数　How many?　　　金額　How much?

2つの測り方
数量統制　←→　金額統制

ディスカウントストア　　　高級品店

数　単価　　　　　数　単価
多 × 小 = 金額　　　少 × 大 = 金額

事業内容によって、在庫の（平均）単価が異なります。したがって、金額だけでなく、在庫がいくつあるか、数で把握することが大切です。

1-4 在庫の存在場所

在庫は倉庫にあるだけではない

在庫の判定はどのように行なうのか

在庫というと、「庫（くら）」に「在（ある）」という文字を使うので、倉庫にあるものを指すように思われがちです。たしかに、ほとんどの在庫は、倉庫にあると考えて間違いありません。

でも、1－2項（☞16ページ）で述べた貸借対照表で示す在庫は、倉庫以外にあるものも含みます。それは、**会社が所有しているかどうか**ということで区別されます。

それでは、ケーキ店を例にして説明しましょう。

一般には、店頭小売りをしているケーキ店ですが、ときには遠方から注文が入ることもあります。そのときは、お客さまに宅配でケーキを送ります。送った時点で、ケーキはお店からなくなりますが、お客さまに届くまではケーキ店の所有物であり、店の在庫の状態です。そして、お客さまが受け取って、初めてケーキ店の在庫ではなくなります（このように、商品が顧客の手元に届いた時点で売上とする考え方を「**引渡基準**」といいます）。

また、ケーキ店のスタッフが隣町の工場へ材料の小麦粉を買いに行ったとします。工場では一袋の小麦粉を買い、その場で代金を支払いました。ただ、その日は遅い時刻に工場に行ったため、スタッフはケーキ店には戻らず、小麦粉を積んだままいったん自宅に帰り、翌日、出勤したときにケーキ店に小麦粉を持っていくことにしました。

この小麦粉は、ケーキ店には届いていませんが、代金は支払済みであり、ケーキ店の所有物なので在庫となります。

その他の例では、1－1項（☞14ページ）で説明したレストランへ委託しておもちゃを販売する場合も、販売目的で預けてある商品は、おもちゃ屋さんにとっては自社のものなので、そのおもちゃは、おもちゃ屋さんの倉庫になくても、そのおもちゃ屋さんの在庫です。

在庫とは「庫に在るモノ」が原則

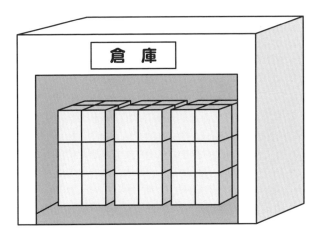

倉 庫

配達中の商品・製品や、運送中の材料も
自社の所有物であれば「在庫」になる。

ケーキ店

配達中の
商品

ケーキ

材料
(代金支払済)

1-5 在庫の「モノ」とは

製品を入れる「箱」は在庫？

箱は製品の一部である

　在庫とは、「販売したり、生産に使ったりするために備えて所有するモノ」と説明しました。では、「モノ」とは何を指すのでしょうか？

　ここで、再びケーキ店を例にして考えてみましょう。ケーキそのものは、「販売するモノ」そのものであることに疑いはないでしょう。

　では、ケーキを入れる箱はどうでしょうか？　多くの場合、ケーキの箱は、ケーキのイメージに合わせた絵柄や模様が印刷され、ケーキを美味しそうに見せるための役割をもっています。むしろ、箱がないと、ケーキを買って食べたいとお客さまに感じてもらえない場合もあるかもしれません。

　そこで、ケーキの箱は、ケーキそのものではありませんが、ケーキ本体といっしょになってケーキの価値をつくり出している、すなわち、**製品の一部**と考えることが妥当です。このようなことから、ケーキの箱も「ケーキそのものと一体となって販売されるモノ」であり、すなわち、在庫と考えるべきでしょう。

包装紙が在庫になる場合・ならない場合

　それでは、ケーキを宅配便で送ってほしいと依頼されたお客さまあてに、そのケーキを送るためにケーキを包装する紙は在庫でしょうか？

　これはむずかしい判断になりますが、宅配便を使った通信販売を頻繁に行なっている場合は、先ほどの箱と同じ考え方で、在庫と考えることが妥当です。包装紙は、通常の販売のために必要なものだからです。

　しかし、通常は通信販売を行なっておらず、特別な計らいで宅配を行なったときは、その包装紙は消耗品として考えるべきでしょう。宅配をあらかじめ想定しておらず、他に使用する目的で用意してあるものを流用したと考えられるからです。したがって、その包装紙は消耗品としてあらかじめ購入されている、ということになります。

商品そのもの

商品をイメージアップする機能
商品を保護する機能

ケーキを入れる箱はケーキと不可分なので、ケーキ本体も箱も在庫

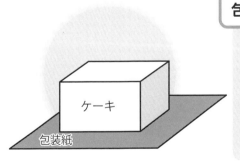

包装紙は…

通信販売などのためにあらかじめ用意しているものは在庫。
他の目的で用意されていたものを流用した場合は、在庫ではない。

機械の「燃料」は在庫？

ほとんどのケースで、燃料は在庫に含まれる

今度は、機械の燃料は在庫といえるかどうかについて考えてみたいと思います。

工場で稼働する機械のなかには、重油などを燃料として動くものがあります。このような燃料は、製品を製造するためには必要なものですが、製品の材料ではありません。

それでは、燃料は在庫、すなわち「将来、販売したり、生産に使ったりするために備えて所有するモノ」に含まれるのでしょうか？　その答えは、「燃料はほとんどの場合、在庫に含まれる」です。

燃料は、材料のように、直接、製品の一部として残るものではありませんが、製品の製造のために使用される目的で所有されるものであることから、在庫として考えることが妥当です。この場合、勘定科目は棚卸資産のうちの「貯蔵品」として計上されます。

ただし、会社によっては、通常は「燃料費」などという費用を支払う形式で購入される場合もあります。このような場合でも、会計年度末には、残っている燃料は「貯蔵品」にいったん振り替えられ、棚卸資産に計上されます。

ネジ、クギ、カッターなども同じ取扱い

燃料と同様のものとして、次のようなものがあります。

- 製品を製造するための**ネジやクギなどの消耗品**で、ある程度まとまって保有しているもの
- 同様に、カッターやネジ回しなど、**1年以内に使い切る工具**で、ある程度まとまって保有しているもの
- 機械の潤滑油や清掃用の洗剤など、**機械の維持に必要な消耗品**で、ある程度まとまって保有しているもの

◎こんなものも在庫になる◎

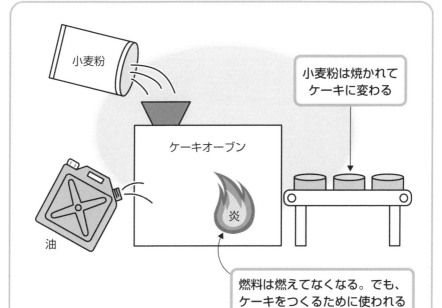

小麦粉

ケーキオーブン

油

炎

小麦粉は焼かれて
ケーキに変わる

燃料は燃えてなくなる。でも、
ケーキをつくるために使われる
ため、在庫として扱う。

燃料は、「貯蔵品」として
棚卸資産に計上される。
ただし、購入時点は「燃料
費」として支払い、決算の
ときに、残っている燃料を
「貯蔵品」に振り替える場
合もある。

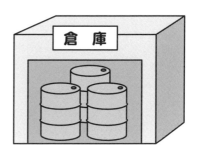

倉　庫

燃料以外の貯蔵品

ネジ回し　　カッター　　クギ　　ネジ　　洗剤　　潤滑油

サービスドミナントロジックとは

商品等を入手することで得られる便益を重視

近年、在庫である「商品」や「製品」（以下「商品等」）に関する新しい考え方が登場してきました。これまでの商品等は、有形の「モノ」というとらえ方をしており、流通業や製造業などは、有形の商品等を販売する事業ととらえられてきました。

なお、運送業、美容室、ホテルなどのサービス業の提供するサービスや、銀行、証券会社などの提供する金融商品も、広い意味で「商品」ととらえる考え方もありますが、ここでは、有形の商品等に限定して説明します。

しかし現在は、大量生産・大量消費の時代であり、商品等を購入する側（以下「購買者」）は、商品等そのものよりも、それを**入手することで得られる便益**（ベネフィット）を重視するようになってきました。

たとえば、通信販売大手のAmazonが急速に事業を拡大できた要因には、①当日または翌日に商品を受け取ることができる、②一般の書店の在庫にないような専門性の高い書籍も確実に購入できる、といった従来にはなかった高い利便性があると考えられます。すなわち、Amazonから商品を購入する顧客は、販売されている商品そのものに魅力を感じているというよりも、Amazonの提供する**利便性を評価**しているといえます。

別の例では、建設機械を製造しているコマツのKOMTRAXが代表例として知られています。これは、同社が製造しているショベルカーなどにGPSを取り付け、世界中のユーザーが利用している同社の機械の位置や稼働状況を同社が集中的に把握するしくみです。これによって、同社がユーザーに対して、より効率的な作業を提案したり、部品の交換時期がきているといった情報をフィードバックしたりしています。すなわち、同社は、建設機械という「モノ」の販売から、**「効率的な作業環境」という利便性を提供**する会社に移りつつあります。

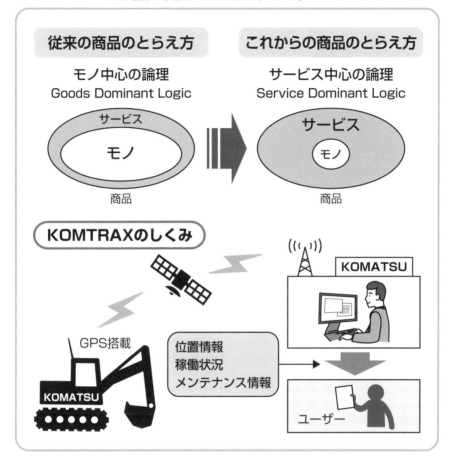

これらのような、利便性の提供を自社の事業の中心に置くという考え方を、「**サービスドミナントロジック**」といいます。流通業や製造業では、顧客満足度を高めるために、より効率的な在庫管理を行なうことは大切ですが、これからはこれに加えて、**どういった利便性を提供できるか**ということが競争力を高めるカギとなります。

「在庫」というと、前述したように、有形の商品等を思い浮かべがちであり、在庫管理は有形の商品等の管理に限定されると考えがちですが、これからは魅力のある利便性を提供することの重要性も念頭に入れて、在庫管理に臨んでいくことが求められています。

在庫はなぜ必要なのか？

仕入れと販売のタイミングは一致しない

「在庫とは何か」ということと同時に、そもそも、「なぜ在庫が必要なのか」ということについても考えてみたいと思います。在庫が必要な理由を知ることは、**事業を改善するための手がかり**となります。

まず、その最大の理由は、**商品・製品の売れるタイミングと仕入れたり製造したりするタイミングにズレがある**からです。流通業も製造業も、実際に売れる前や受注が来る前に、あらかじめ商品を仕入れておいたり、製品を製造しておくことが一般的です。しかし、商品・製品が売れるタイミングと、それらを仕入れたり製造したりするタイミングは現実的にはほとんど一致しません。そこで、見込みで商品を仕入れたり、製品を製造しておくことで、そのズレを埋めることになります。

売るためにはある程度の在庫を持っていなければならない

上記の理由は受動的なものですが、能動的に在庫を持つ場合もあります。

たとえば、ある書店が本をたくさん売りたいと考えているのに、店頭にある本の数が少なかったとしたらどうでしょうか？ 直観的に店に入りたいと思う人は少ないでしょう。本を買おうとする人の多くは、「新しく出版された本には、どんなものがあるだろう」とか、「気になる本があるけれども、内容を確かめてから買いたい」と思っているはずです。店頭の本の数が少ないと、そのように考えている人たちの欲求を十分に満たすことはできません。

そこで、書店では、売れそうな本、売りたいと思っている本をあらかじめ多めに仕入れて、店頭に目につくように並べておきます。このように能動的に在庫を持つことを「**政策在庫**」と呼ぶことがあります。また、製造業でも、生産効率を高めたいといった理由で、製品を多めに製造することがあり、その結果、製造された製品も政策在庫といえます。

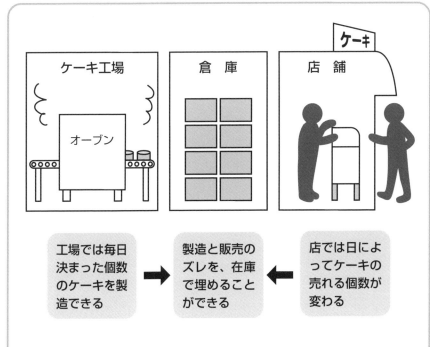

本が少ない書店よりも、多く置いてある書店のほうが、本を買おうとする人にとっても便利。店の魅力を高めるために、在庫を増やすこともある。

"財庫"と"罪庫"

　1章で説明してきたとおり、ビジネスは、在庫がなければ成り立ちません。すなわち、在庫は利益（財）を生み出すために必要な資源です。また、「政策在庫」（1−8項参照☞28ページ）のように、積極的な事業展開には在庫の重要性はさらに増加します。このように考えれば、在庫は"財庫"といえるでしょう。

　しかし、2章から説明しますが、在庫はなるべく少なくするように管理することが一般的です。それは、在庫が会社に損失（罪）をもたらすこともあるからです。

　損失で最も大きいものは、在庫が売れ残ってしまったときです。仕入れのために代金を支払ったものの、それが売れなければ、仕入代金はそっくり損失となります。このような在庫は、"罪庫"となってしまいます。

　かつて、日本が高度成長期の時代は、モノはつくれば売れたという時代でした。つまり、在庫をたくさん持つことが、売上や利益を生んでいました。まさに、在庫は容易に"財庫"となっていました。

　でも、現在はモノ余りの時代です。不用意に在庫を持ってしまうと、"罪庫"を多く抱えてしまうことになりかねません。在庫をしっかりと管理できるしくみをつくらなければ、ビジネスは立ち行かなくなってしまいます。

　このように、在庫は"財庫"にも"罪庫"にもなる諸刃の剣です。

　しかし、在庫から目を背けていては、ビジネスは成り立ちません。むずかしい課題に果敢に取り組むことに、ビジネスの意義があります。すなわち、在庫を"財庫"にするための上手なしくみをもっている会社が、ビジネスを制することになります。

　これから事業を興そうとする方や、いま経営している会社の事業の改善をしようとする方には、在庫管理をしっかりと学んで、在庫を"財庫"とする腕を磨いていただきたいと思います。

2章

なぜ「在庫管理」が必要になるのか

在庫管理の基本的なところをみていきましょう。

在庫はすべて売れるとは限らない

なぜ「在庫管理」が必要になるのか

　在庫を管理する必要がある最大の理由は、在庫はすべて売れる（使う）とは限らないということです。すべてを売り切ったり、または使い切ることは理想ですが、現実にはなかなかそのとおりにはなりません。売れ残ったり使い残しの在庫は、お金に換えることができずに処分することになり、**最終的には会社の損失**となります。その損失を最小限とするために、在庫を管理することが必要になるわけです。

　では、なぜ在庫は売れ残る（使い残す）ことがあるのでしょうか？

　その多くは、会社の**将来の販売（製造）の見込み**が、現実と異なるためです。一般的には、商品や材料は将来の販売や製造を見込んで購入します。しかし実際には、完全にその見込みどおりに商品が売れたり材料が使われたりはしません（注文が来てから商品や材料を仕入れる場合を除きます）。その見込みと現実の差が原因となって、売れ残る商品や使い残す材料が出てきます。このような在庫を「**死蔵品**」（または「**デッドストック**」）といいます。

　この死蔵品は少ないほうが望ましいわけですが、これを少なくするための方法はいくつかあります。

　ひとつめは、**売上または製造の見込みを正確にする**ことです。これは、過去の売行きを分析したり、販売先を分析してなるべく正確な予測を立てる方法です。

　もうひとつは、**実際の在庫を迅速かつ正確に把握**し、**対策を早期に行なう**ことです。他の在庫と比較して長い期間、出入りのないもの（これを「滞留在庫」といいます）を早く見つけ出し、安く販売したり新たな顧客を探して販売するなどの対応をとります。

　これらのような対応方法については、次項より、より詳細に説明していきます。

◎「死蔵品」が発生する原因とその対処法◎

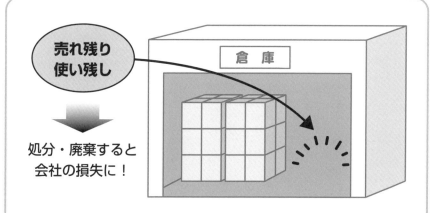

売れ残り
使い残し

↓

処分・廃棄すると
会社の損失に！

倉　庫

どうして売れ残り、使い残しができるのか

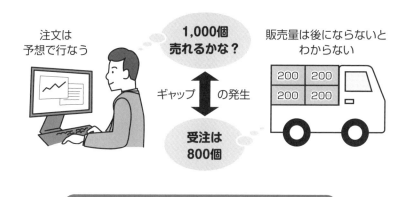

注文は
予想で行なう

1,000個
売れるかな？

↕ ギャップ の発生

受注は
800個

販売量は後にならないと
わからない

200 200
200 200

ギャップの解消法

正確な将来の
予測を立てる

分析中

売れ残り、使い残しの
管理と早期対応

売れ残り
そうだから
早く販売先を
探そう

売れ残り、使い残しを減らすには

棚卸減耗には物理的な品質の劣化以外のモノも含まれる

　前項で、売れ残り・使い残しの在庫は少ないほうが望ましいと述べました。ここでは、その理由のひとつについて説明します。

　売れ残り・使い残しの在庫は、ある期間を経ると品質が劣化し、販売できる状態でなくなることがあります。生鮮食品はほんの数日間で食べられる状態ではなくなりますが、保存食品でも数か月で賞味期限が到来します。食品以外の身近なものでは、医薬品・化粧品なども、1年以上経ると、販売に適さないものになるでしょう。

　このように、物理的に品質が劣化して在庫の価値が減少することを、「棚卸減耗」といいます。

　また、在庫の物理的な品質の劣化だけでなく、誤って商品・材料を壊してしまったり、紛失や盗難による損失も棚卸減耗に含まれます。これらは品質の劣化ではありませんが、在庫が長い間、倉庫に眠ったままになっていることが要因でもあり、売れ残り・使い残しを減らすことで、このようなことを防ぐことができます。

　具体的な棚卸減耗を少なくするための対策は、正確な需要の把握だけでなく、**売れ残り・使い残しの起こりそうな商品・材料を適時に把握し、早めの対策をとる**ことが最も有効です。ただし、管理ばかりに手間や時間をかけすぎると、その負担自体が費用となってしまうので、取り扱う商品・材料によって適切な把握方法を各会社で独自に究明していくことが必要です。

　もうひとつの対策は、**商品・材料を所有する期間を短くする**ことです。言い換えると、仕入れたときから、売るとき、または使うときまでの期間を短くします。要は、**自社内で劣化する期間を短くする**ことです。しかし、これを過度に追求すると、多くの回数にわたって少量の商品・材料を購入することになり、それが逆に負担となってしまう結果となるので、これも適度な頻度での購入を行なうようにしましょう。

買ったときは
新品！

売れ残るか
使い残すと

価値が減る
または
売れなくなる

棚卸減耗

商品・材料を誤って壊した

商品・材料の紛失・盗難

棚卸減耗を減らすには…

！

傷んだ商品・材料の早期発見

商品・材料を
長期間抱えない
工夫をする

35

紛失・盗難を減らすには

紛失は整理整頓、盗難は防犯対策の徹底化で対処する

前項で少し触れましたが、紛失や盗難なども棚卸減耗に含まれます。これら以外にも、運搬中に誤って商品・材料を壊してしまった場合、火事や地震などで保管中の商品・材料が販売したり使用したりすることができなくなった場合なども棚卸減耗に含まれます。いずれも在庫を持つ側としては避けるべきことです。以下、それぞれの対策を説明します。

まず、紛失にはさまざまなケースがあります。ただ、その対策として、単に注意するというだけではあまり効果は大きくありません。**最も効果があるのは、整理整頓**です。どこに何があるかが、誰が見てもわかるような状態を保つことは、紛失への対策として効果的です。最近では、単なる紛失対策だけでなく、作業の効率性を上げる目的で、倉庫や店頭の整理整頓に注力する会社が増えてきています。

つぎに、盗難ですが、**防犯対策の徹底が原則**です。店頭では、万引きを防ぐために防犯カメラを設置したり、来店客への声かけが効果があるようです。倉庫などでは、限定的な人のみが入れるようにするほか、夜間は警備会社に管理を依頼するようにしましょう。

天災に備えて動産保険を掛けておく

そして、火事や地震への備えですが、火気は、ある程度は注意を喚起して防ぐことができます。地震・洪水などの天災への対策は、倉庫の強化や、保管方法の工夫で一定の対策ができます。でも、大きな天災が起きた場合は防ぎきることができないこともあるでしょう。そのようなときに備えて、一般の会社では**動産保険を掛ける**ことが多いようです。保険を掛けることによって、在庫を災害で失う場合だけでなく、盗難や運送中の損害の場合も、その損失を保険金で補てんすることができます。

以上のような備えと同時に、在庫は過剰には保有せず、**適切な量を維持する**という基本的な対策を続けることも大切です。

紛失への対策

整理
整頓

盗難への対策

NO!

倉庫

不審者への声かけ

倉庫への
立入りの制限

天災への備え

倉庫

動産保険

倉庫の強化、保管方法の工夫

保険で損害をカバー

陳腐化への対策も必要

正確に需要を予測するか在庫を減らす対応を

前項までは、品質が落ちて在庫の価値が減ったり、在庫そのものがなくなったり傷つくことで損失が発生するなど、物理的な損失について説明してきました。しかし、それ以外の理由でも在庫に関して損失が発生することがあります。

たとえば、衣類などは保存状態がよければ数年間は、物理的に品質は劣化しないでしょう。ただし、衣類、特に高級衣料品は嗜好の変化が激しく、製造したり仕入れた直後では売れたものが、数か月後には売れなくなる可能性が高いといえます。そこで、売れる時期を逃した商品・製品は、在庫としての評価額が大きく減少するか、または全額を損失として認識する場合もあります。

このような損失を「**商品評価損**」といい、物理的ではなく、経済的・社会的に古くなって価値が減少することを「**陳腐化**」といいます。

陳腐化の原因には、流行のほかにも、コンピュータなどの情報機器のように、技術進歩が急速で、新製品が次々に出るために値下がりが早く起きてしまうもの、逆に製品の買替え需要を促すために、意図的にあるタイミングで機能を追加したり、デザインや装飾の追加を行なうことによって旧製品を陳腐化させる「**計画的陳腐化**」もあります。

陳腐化への対策は、衣類など価値が下がる時期が明らかな商品・製品については、事前に可能なかぎり正確な需要の予測を立て、それにもとづいて仕入れや生産を行なうことが大切です。

需要がいつまで続くか不明確な商品・製品については、常に需要の動向を注視し、需要が先細りそうになった場合は、ただちに**販売先の拡大や値下げによって在庫を減らす**対応をとることです。ただ、需要が先細りそうになっても、製品の改良や新たな用途を見つけることで、製品の需要を維持できる場合もあるので、在庫管理の観点以外からの対応を検討することも有効です。

◎陳腐化の定義と商品評価損を出さない工夫◎

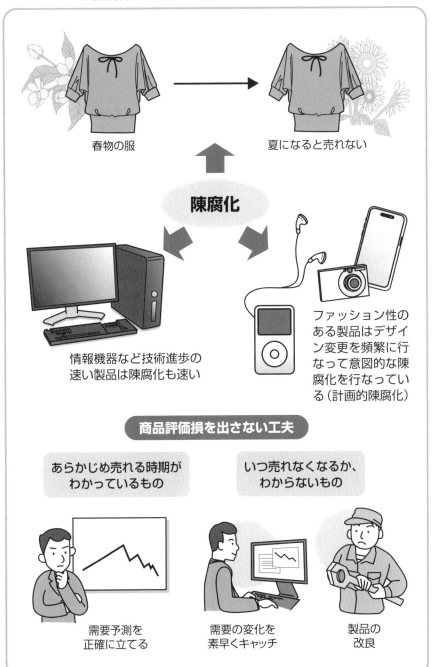

春物の服

夏になると売れない

陳腐化

情報機器など技術進歩の
速い製品は陳腐化も速い

ファッション性の
ある製品はデザイ
ン変更を頻繁に行
なって意図的な陳
腐化を行なってい
る（計画的陳腐化）

商品評価損を出さない工夫

あらかじめ売れる時期が
わかっているもの

いつ売れなくなるか、
わからないもの

需要予測を
正確に立てる

需要の変化を
素早くキャッチ

製品の
改良

2-5 在庫の変化の見つけ方

「実地棚卸」で棚卸減耗を確定させる

決算日には「帳簿棚卸」を行なう

　前項までは、在庫の評価が下がったり、数量が減る原因について説明してきました。ここでは、それをどうやって知るのか、ということについて説明します。

　在庫は、新たに取得したとき、使ったとき、販売したときに記録をします。一般的には、「**在庫台帳**」というものに、在庫の異動があるたびに、品名・入庫日・入庫数・単価・入庫額・出庫日・出庫数などが記録されます。これを見れば、どの商品・製品・材料が、どれだけの量・価額で残っているかがわかります。

　そして、会計期間の最終日に、在庫は棚卸資産として帳簿に計上されるのですが、その金額は在庫台帳から調べます。このように、帳簿の上で、在庫の数量・金額を把握することを「**帳簿棚卸**」といいます。

「実地棚卸」を行なって帳簿と照合する

　しかし、これまで述べてきたように、実際には在庫は数量が減ったり、評価が下がったりします。このようなことは、帳簿を見ただけではわかりません。そこで、実際に在庫のあるところへ人が出向き、どの在庫がどれだけの数量があるかを実際に確かめます。これを「**実地棚卸**」といいます。

　具体的には、在庫台帳か、またはその内容が書かれた書類を見ながら、実際の在庫と照合して行なうことが多いようです。実地棚卸をしながら、数量の差異、品質の劣化などを確認します。

　実地棚卸は、帳簿からだけではわからない棚卸減耗を確定させるという目的が最も大きいものですが、そればかりではなく、在庫の量が適切か、不要な在庫がないか、保管方法や整理の状況が適切か、という情報も確かめることができます。これらの情報を活用しながら、効率的な在庫管理の実現をめざしていくとよいでしょう。

◎なぜ、実地棚卸を行なうのか◎

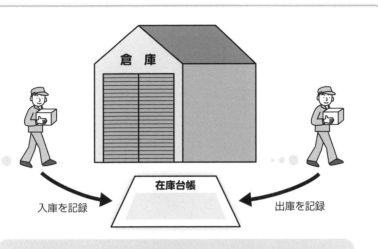

在庫台帳

入庫を記録　　　　　　　　　　　出庫を記録

在庫台帳には、入庫と出庫が記録され、在庫高は把握できる。
でも、紛失、盗難、商品評価損は把握できない

そこで

帳簿台帳と実際の在庫を照合し、
紛失、品質劣化などを確かめる

実地棚卸

実地棚卸をしながら、
在庫が多すぎないか？
不良な在庫はないか？
保管方法に問題はないか？
も確かめましょう

在庫が多いと費用がかかる

在庫の間接費用はいろいろある

　2−4項までは、在庫に直接かかわる費用について説明しました。ここでは、在庫に間接的にかかわる費用について説明します。

　在庫にかかる直接の費用は、商品や材料を買うために支払った費用ですが、在庫を持つことによって間接的な費用が発生します。

　そのひとつめは、「**金利**」です。商品や材料を購入するために会社が銀行から借入れをしていれば、金利（借入利息）を支払わなければなりません。もちろん、在庫は事業にとって必要ですから、必要な在庫を買うためのお金について金利を払うことは避けられません。でも、不要な在庫を持ってしまったら、それを買うために払ったお金だけでなく、その金額分の金利までムダになるということになります。

　ふたつめは、「**倉庫にかかる費用**」です。たとえば、在庫を保管するために倉庫を借りるときは、その倉庫の賃借料を払うことになります。このとき、在庫の量をあまり意識せず、不用意に多くの在庫を抱えてしまったとすると、大きな倉庫を借りることになり、その分、賃借料も多額になります。しかし、意識して適切な在庫しか持たないようにしていれば、それに見合った大きさの倉庫を借りれば足りるので、ムダな賃借料を払わずにすみます。

　このような、金利や倉庫の賃借料など、在庫に関して間接的にかかる費用を「**在庫費用**」といいます。在庫費用には、金利や賃借料以外にも、商品や材料を注文するときの**通信費**、在庫にかける**保険料**、光熱費などの在庫を適切に**維持するための費用**などがあります。

　このように、在庫量の適切さを考えるときは、単に商品や材料を購入するための費用だけではなく、間接的にかかる在庫費用も考慮する必要があります。たとえば、購入代金が安いからといって、保管に関する費用を考慮せずに多くの在庫を抱えてしまうと、逆に会社が負担する費用が割高になってしまうということになりかねません。

◎在庫を抱えるとさまざまな費用がかかってくる◎

商品、材料の購入代金を銀行から借り、商品、材料を仕入れる。
商品、材料が少なければ、支払う金利も少なくなる

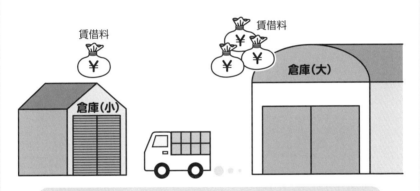

倉庫を借りているときに、在庫を減らし小さな倉庫に移れば
賃借料も少なくできる

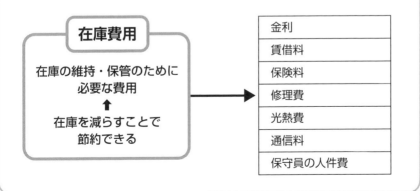

在庫費用	
在庫の維持・保管のために必要な費用 ↑ 在庫を減らすことで節約できる	金利
	賃借料
	保険料
	修理費
	光熱費
	通信料
	保守員の人件費

発注のしかたで仕入値や運賃は変わる

「いつ」「どれだけ」発注するかに注意する

在庫に関する費用について、在庫費用以外にもうひとつ影響を与えるものがあります。それは「発注方法」です。いつ、どれだけの量を発注するかによって、在庫に関する費用は変わってきます。

まず、「いつ」についてですが、早く発注してしまうと、届いた商品や材料が在庫として会社のなかに留まる期間（これを「滞留期間」といいます）が長くなり、会社の抱える在庫量を増やすことになってしまいます。

ただし、商品や材料の価格が頻繁に変わるものである場合、価格が安いタイミングを見計らって、将来に販売したり使ったりする分までを購入することで、**在庫の調達コストを下げる**ことができます。ですから、単純に多めに発注することが、必ずしも好ましくないということとは限りません。

また、滞留期間を意識しすぎて発注の頻度を多くすることは、逆に発注のための通信・手間・入庫に関する効率を下げて、在庫に関するコストを増やしてしまうこともあります。

次に、「どれだけ」ですが、これも多く発注しすぎると過剰な在庫を抱えてしまうことになり、適切な量で発注することが必要です（4−8項の「安全在庫量」を参照してください☞98ページ）。

ただし、「いつ」発注するかのところで説明したように、商品または材料が安いタイミングで多めに注文するほうが得策である場合もあります。

また、**発注のロットについても考慮する**必要があります。たとえば、1回10個を10回注文するよりも、まとめて100個を1回で注文するほうが、単価や送料などが安くなるという場合は、まとめて発注するほうがよいでしょう。ただし、この場合でも、注文しすぎて死蔵品が出ないように注意しなければなりません。

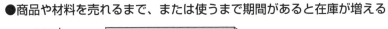

◎発注方法によって在庫数やコストは変化する◎

●商品や材料を売れるまで、または使うまで期間があると在庫が増える

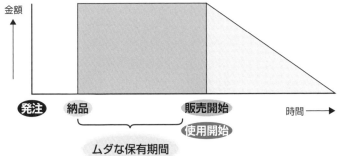

●発注回数が多いと、かえって手間が増加する

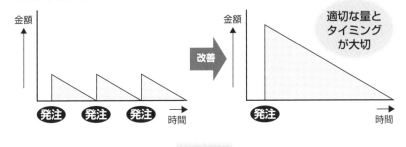

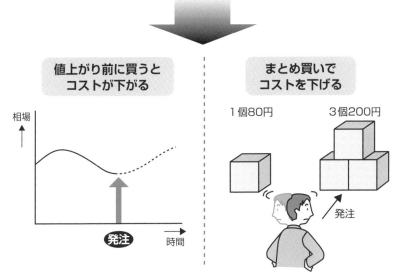

販売見込みよりも在庫が少ないと…

機会原価を回避する対策を前もって打っておく

　ある程度、能動的に在庫を持たないと、お客さまからの要望に応えられないこともあります。たとえば、人気のある新製品の販売見込みが100個は確実であると予想できるものの、その会社の倉庫が狭く、80個しか仕入れられないとします。このとき、商品1個あたりの販売利益を1万円とすると、80個販売したときの利益見込額は80万円です。

　しかし、「お客さまの要望に応える」という経営的な観点からは、あと20個売れる見込みがあったのに、その機会を失う、すなわち20万円の利益を得る機会を失うと考えることができます。そして、このとき得ることができなかった20万円の金額を「**機会原価**」と呼びます。

　もし、その商品を倉庫会社の倉庫に1個あたり5,000円で預けることができれば、残り20個の商品を仕入れて倉庫会社に預けることで、在庫を100個持つことができます。しかも、10万円（＝5,000円×20個）の倉庫利用料を支払って、機会原価20万円の発生を防ぐこともできます。10万円の倉庫利用料がかかるので、20万円すべてが利益になるわけではない（これは、「機会原価20万円をすべて回避できるわけではない」と言い換えることもできます）のですが、倉庫会社を利用せずに80個しか販売しなかったときよりは利益を増やすことができます。

　機会原価については、**常に前もって対策を打っておく**ことが必要です。自社倉庫に商品を置けずに利益を得る機会を失うことが起きる可能性は、「常に」あるからです。機会原価を発生させない適切な在庫量を事前に把握していれば、あらかじめ自社倉庫を増設するなどの手配（ここでは、倉庫の増設が倉庫を借りるよりも費用がかからないという前提で考えます）をしておくことで、利益を得る機会を逃さずにすむからです。

　在庫は多すぎても少なすぎても問題があります。在庫量はどちらか一方的な見方に偏ることなく、**利益を最大にするにはどうするか**という観点から、適切な量をめざすことが求められます。

◎機会原価の発生とそれを回避した場合◎

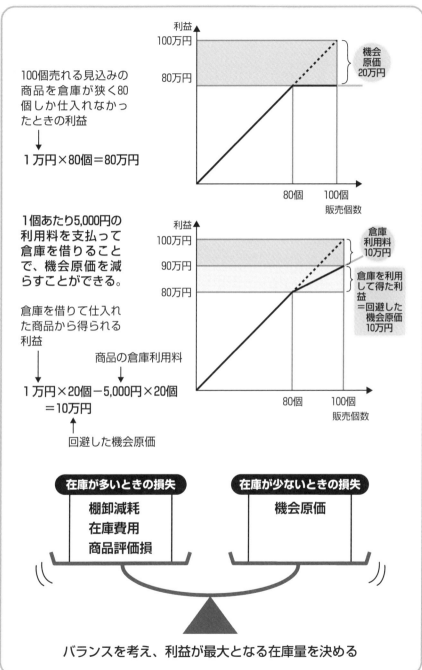

100個売れる見込みの
商品を倉庫が狭く80
個しか仕入れなかっ
たときの利益

↓

1万円×80個＝80万円

1個あたり5,000円の
利用料を支払って
倉庫を借りること
で、機会原価を減
らすことができる。

倉庫を借りて仕入れ
た商品から得られる
利益

↓　　　商品の倉庫利用料
　　　　　↓

1万円×20個−5,000円×20個
　　　＝10万円

↓

回避した機会原価

在庫が多いときの損失
棚卸減耗
在庫費用
商品評価損

在庫が少ないときの損失
機会原価

バランスを考え、利益が最大となる在庫量を決める

在庫管理に100点はない

最適な在庫量を知ることよりも利益増大策に力を入れる

この章では、在庫量はどうあるべきかについて説明してきましたが、多すぎても好ましくなく、少なすぎても好ましくありません。では、どのような量が最適なのでしょうか。

結論は、「**在庫管理で100点をとることはできない**」と考えるべきです。最適な量は、ほとんど後追いでしか知ることはできません。それを事前に知ろうとするよりも、そのための努力は利益を増やすための活動に振り向けるほうがよさそうです。

売上や利益を増やすことも簡単なことではありませんが、将来を正確に予測することのほうがもっと困難です。あまり実現が期待できないことに多くの労力を払うことは得策ではありません。それよりも、何度も仮説と検証を繰り返していけば、少ない労力で正確な予測ができるようになっていきます。

また、会社の組織では、販売部門（営業部門）と仕入部門（購買部門）が分かれている会社も多いと思います。

販売部門では、顧客の注文に最大限応じようとして、注文を受けた商品・製品の在庫をすぐに出荷できるよう、品切れを常に気にかけています。一方、仕入部門では、過剰な在庫がないか、在庫を維持する費用が増えないか、常に気にかけています。

そしてふたつの部署の考え方は、お互いに対立することもあります。自分の所属する部署では望ましいこと（これを「**部分最適**」といいます）が、必ずしも他の部署では望ましいこととは限りません。このようなときは、会社全体からみて、どの状態が最も望ましいか（これを「**全体最適**」といいます）という観点で対応方法を決めるとよいでしょう。

具体的には、経営者・販売部門・仕入部門などで、あらかじめ在庫の量をどのようにすべきかという基準を決めておき、それぞれがその基準を尊重しながら仕事を進めることが基本となります。

費用収益対応の原則を知っておく

「売上高－仕入高」イコール「利益」ではない!?

　在庫の評価には直接は関係しませんが、会社の業績に深く関わりのある在庫に関する考え方について説明しておきましょう。

　まず、ある商店の2か月間の売上と仕入が次の表のとおりだったとします。

（単位：万円）

		前 月	今 月
売　上	（a）	2,000	1,800
仕　入	（b）	1,800	1,500
差	（c＝a－b）	200	300

　売上と仕入の差を見ると、今月のほうが業績がよいように思われます。でも、これは必ずしも正しいとはいえません。これは、利益を示していないからです。

　この差が示しているものは、仮に、この会社が売上と仕入を現金で行なっているとしたときに、受け取ったお金と支払ったお金の差にすぎません。その差が利益と等しくならないのは、その月に販売した商品が、必ずしもその月に仕入れた商品とは限らないからです。利益は、**販売した商品の売ったときの価格と仕入れたときの価格の差**で決まります。

販売のために使った在庫高を求める

　そこで、利益を正しく把握するには、その月に「どれだけ仕入をしたか」ではなく、「どれだけの在庫を販売のために使ったか」がわからなければなりません。それは、次のようにして求めます。

　まず、前月の月末在庫高（＝当月の月初在庫高）に、当月に仕入れた在庫高を加え、当月に販売のために使った在庫高を差し引くと、月末の在庫高になります。これを式で表わすと、次のようになります。

当月月初在庫高＋当月仕入高－当月販売充当在庫高＝月末在庫高

◎費用収益対応の原則のしくみ◎

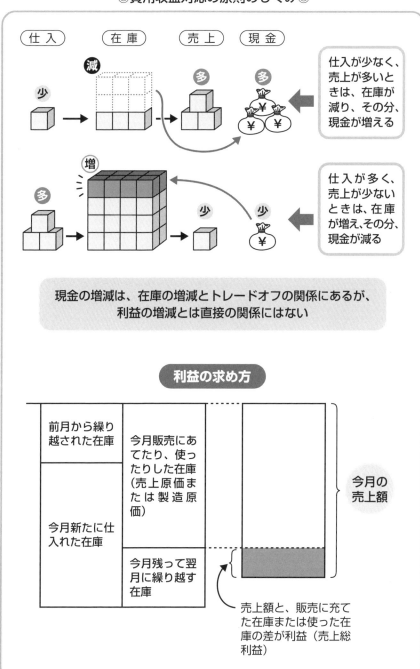

仕入が少なく、売上が多いときは、在庫が減り、その分、現金が増える

仕入が多く、売上が少ないときは、在庫が増え、その分、現金が減る

現金の増減は、在庫の増減とトレードオフの関係にあるが、利益の増減とは直接の関係にはない

利益の求め方

前月から繰り越された在庫	今月販売にあてたり、使ったりした在庫（売上原価または製造原価）	今月の売上額
今月新たに仕入れた在庫	今月残って翌月に繰り越す在庫	

売上額と、販売に充てた在庫または使った在庫の差が利益（売上総利益）

「当月販売充当在庫高」とは、売値ではなく仕入れたときの価額を使いますが、この式を変形すると、次のようになります。

当月販売充当在庫高＝月初在庫高＋当月仕入高－月末在庫高

この算式によって、「どれだけの在庫を販売のために使ったか」を求めることができるのです。

したがって、その月の売上高から当月販売充当在庫高を引いた金額がその月の利益になります。これを表で表わすと次のようになります。

（単位：万円）

		前　月	今　月
売　上	（ａ）	2,000	1,800
月初在庫高	（ｂ＝前月のｄ）	1,200	1,400
当月仕入高	（ｃ）	1,800	1,500
月末在庫高	（ｄ）	1,400	1,400
当月販売充当在庫高	（ｅ＝ｂ＋ｃ－ｄ）	1,600	1,500
利　益	（ｆ＝ａ－ｅ）	400	300

費用収益対応の原則にもとづいて利益を計算する

このように、利益は、同じ月の売上高と仕入高の差額で求めるのではなく、その月に売られた商品の売上高と、その商品を仕入れるために支払った金額の差額で求めます。

これを言い換えると、商品は、**購入した時点では費用にはならず、いったん在庫という資産になり、販売された時点で費用になる**ということです（このように利益を計算することを、「**費用収益対応の原則**」といいます）。

たとえば、商品をたくさん仕入れた月でも、その月の売上高が仕入れた分以上に増えなければ、月末在庫高が増えるだけで、費用が増えるわけではありません。逆に、仕入が少ない月でも、売上が増えれば月末在庫高が減少し、売上に充てられた在庫が費用になります。

なお、「どれだけの在庫を販売のために使ったか」を表わす金額を「**売上原価**」といいます。そして、売上高と売上原価の差額は、特に「**売上総利益**」といい、会社の実力を示す重要な指標のひとつとなっています。

3章

在庫管理のしかたには どんな方法があるか

在庫の評価の
しかたについ
ても知ってお
きましょう。

在庫を「金額」で管理するには

適切な価格で仕入れて、適切な価格で販売しているか

　1－3項（☞18ページ）で、在庫の管理は金額と数量の両方で管理することが大切と述べました。ここでは、そのうちの金額での管理について詳しくみていきましょう。

　在庫の管理は、基本的には金額で行ないます。なぜならば、会社の事業の目的は、**金額でしか表わすことのできない利益を得ること**だからです。利益を得るためには、商品・材料は適切な価格で購入しているか、商品・製品は適切な価格で販売しているかを常に見ておかなければなりません。また、前章で説明した、棚卸減耗や商品評価損も、基本的には金額で表わされるもので、これらが最小限となるようにするためには、やはり金額で管理しなければなりません。

金額による在庫管理のしかた

　具体的には、金額での在庫の管理は、次のように行なわれます。

①在庫の金額は妥当か

　売上高との比較、総資産に占める割合などから、妥当であるか検討します。

②在庫の金額の均衡

　在庫の金額が、商品分類・部門・地域などで均衡がとれているか検討します。

③商品・材料の単価は妥当か

　商品の単価は再販売をして利益を得られる金額か、材料の価格はその材料を使って完成した製品が利益を得られる範囲に収まるか、などを検討します。

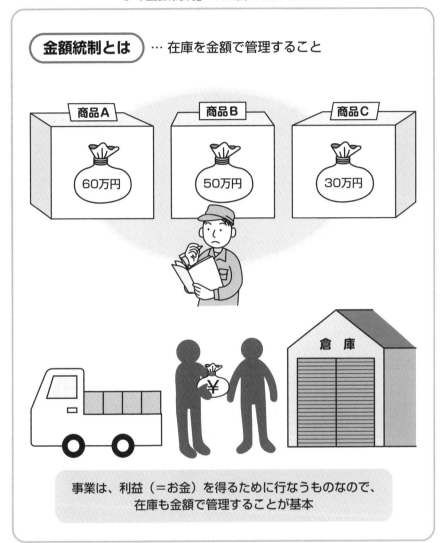

金額統制とは … 在庫を金額で管理すること

商品A　60万円

商品B　50万円

商品C　30万円

倉　庫

事業は、利益（＝お金）を得るために行なうものなので、
在庫も金額で管理することが基本

④棚卸減耗・商品評価損

　棚卸減耗や商品評価損は、あらかじめ見込んだ金額の範囲内か、過剰なものはないか、などを検討します。

　さらに具体的な管理方法は、後述のさまざまな管理手法のなかで説明していきます。

在庫を「数量」で管理するには

金額より数量のほうが売行きをつかみやすい

前項で、在庫の管理は基本的には金額で行なうと述べましたが、金額だけでは十分な管理ができない部分があります。そのため、在庫を数や量で管理を行ない、金額での管理を補うことが大切です。

たとえば、在庫の金額が同じ10万円でも、単価が5万円の場合、商品は2つしかないことになりますが、単価が5,000円の商品の場合は20個あることを示しています。商品の残りの個数が2個と20個とでは、在庫が少ないか多いかという判断は自ずと異なってくるわけですから、金額だけでなく、数での把握（**数量統制**）も大切ということになります。

数量統制の最大の利点は、**商品・製品の動きが直接的にわかる**ということです。もちろん、商品・製品が販売されればお金の動きもあるので、金額の面からも把握はできます。

ただし、前述の例を使うと、同じ10万円の売上でも、単価5万円の商品は2つしか売れたことになりませんが、単価5,000円の商品は20個売れたことになります。商品の売行きは、金額と数量の両方でみるべきですが、**数量でみるほうが売行きをつかみやすい**でしょう。

数量による在庫管理のしかた

そのほか、数量での在庫の管理は、次のように行ないます。

①在庫の数量は妥当か

販売数からみて妥当な数量であるか検討します。

②在庫の数量の均衡

在庫の数量が、商品分類・部門・地域などで均衡がとれているか検討します。

◎「数量統制」の定義と在庫管理◎

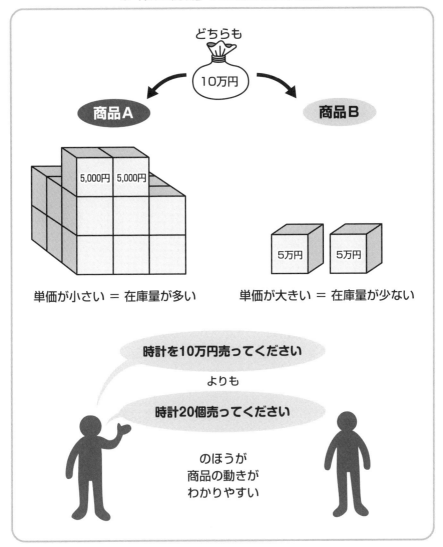

③棚卸減耗・商品評価損

　棚卸減耗や商品評価損は、あらかじめ見込んだ数量の範囲内か、過剰なものはないか、などを検討します。

　このように、数量の管理でも金額の管理と同じようなアプローチで行ないます。

金額統制と数量統制の関わりをみる

事例を使って在庫について分析してみると

　金額での管理と数での管理について説明しましたが、ここでは、双方を上手に活用しながら、最適な在庫管理を行なう方法について説明します。

　簡単な例を、ケーキの製造・販売をしている会社で示してみましょう。

　この会社は、毎日、翌日に売上が見込まれる量のケーキを製造しています。そこで、商品はほぼ１日分の在庫を持っています。また、材料は５日ごとに仕入れています。商品の販売価格に占める材料の割合は50%です。そこで、材料の平均在庫高は、「およそ１日の売上高×50%×５日÷２」で計算されます。２で割るのは、材料は仕入れてから５日間かけて徐々に使われながら減っていくためです。

　この会社の在庫高が適正かどうかを確かめるために、前期の期末日と前々期の期末日で比較してみました。

		前々期	前　期
１日あたり売上高	（a）	10万円	12万円
商品在庫高	（b）	12万円	15万円
材料在庫高	（c）	13万円	18万円
在庫高計	（d＝b＋c）	25万円	33万円
在庫回転期間	（e＝d÷a）	2.5日	2.75日

　「在庫回転期間」については、次項で詳しく説明しますが、**在庫高が売上高の何日分あるか**という指標です。この指標は、**小さいほど効率的な経営をしている**ということができます。

　表を見ると、前期は１日あたり売上高が増加しており、それにつれて在庫高も増えています。そして、在庫回転期間は前々期よりも長くなっており、売上高の増加のペースを超えて在庫高が増えているようです。

　この原因を調べるために、在庫について分析しました。

◎金額と数量の両方をチェックしたところ…◎

在庫金額は微増でも　➡　倉庫では溢れる量になっている？

	前々期	前　期
1日あたり売上個数	125個	135個
1個あたり平均価格	800円	890円
取扱商品の品目数	50	60
商品の在庫個数	150個	180個
材料の量	750kg	960kg

　この会社では、前期から従来の商品に加え、新たに高価格の商品を開発して販売することにしたため、品目数や1個あたり平均価格が増加しました。これに伴い、売上個数も伸び、売上高の増加につながっているようです。同様に、商品の在庫個数、材料の量も増えました。これが、金額面でも在庫の価額の増加になっているようです。

　ただ、これだけでは在庫回転期間が長くなったことは説明できません。これについては、工場に行って調査したところ、新しい商品の材料として従来の商品とは異なる、少し価格の高い材料を使うこととしたため、金額での在庫量が増えたということがわかりました。

　この例では、原因の究明まで示しましたが、適切な在庫量を求めるには、前述のように**金額と数量の両面から原因をアプローチ**していき、**現状が妥当であるか、改善の余地がないか**を調べていきます。

　次項から、さらに詳しく在庫管理の方法を説明していきます。

在庫の効率性をみてみよう

在庫は何回転？ どのくらいの期間で入れ替わる？

「**在庫回転率**」とは、在庫高（金額）の効率性をみる指標です。

在庫回転率（回）＝ 売上高 ÷ 在庫高

この指標の意味は、ある期間（通常は1年）の間に在庫が何回、回転したか（入れ替わったか）を示すもので、**回数が多いほど効率的である**といえます。

在庫回転率は、同じ業種に属していても、規模の違う会社の間での効率性の比較を行なうときに便利な指標です。

		A 社	B 社
売上高	（a）	1億4,000万円	6,000万円
在庫高	（b）	4,200万円	1,250万円
在庫回転率	（c＝a÷b）	3.3回	4.8回
在庫回転期間（年）	（d＝b÷a）	0.30年	0.21年
在庫回転期間（月）	（e＝d×12）	3.6か月	2.5か月

A社はB社に比較して、売上高は2倍以上あります。でも、在庫高も多く、在庫回転率は3.3回です。これに対し、B社は、在庫回転率は4.8回で、売上高は少なくても、A社より効率的な事業を行なっていることになります。このような方法で、自社の属する業界の平均値などと比較しながら適切な在庫量を決めていきます。

ところで、在庫回転率と同じく、在庫の効率性を示す指標に「**在庫回転期間**」というものもあります。

在庫回転期間 ＝ 在庫高 ÷ 売上高 ＝ 1 ÷ 在庫回転率

在庫回転期間は在庫回転率の逆数で、在庫が入れ替わる期間（在庫を使いきる期間）を示しています。これは、**期間が短いほうが効率的**といえます。期間は年で示すときと、月で示すときがあります。月で示す場

◎A社とB社の在庫回転率を比較してみると◎

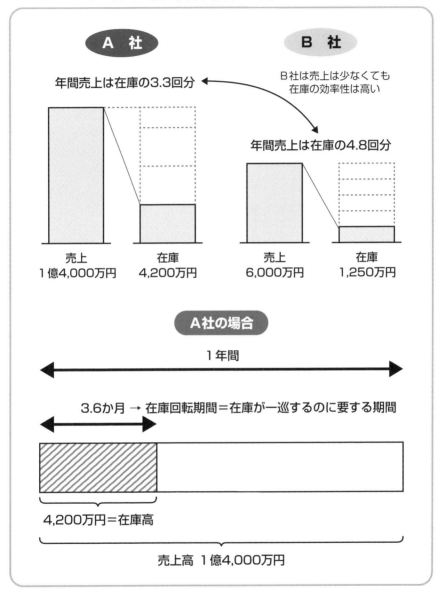

A 社

B 社

年間売上は在庫の3.3回分

B社は売上は少なくても
在庫の効率性は高い

年間売上は在庫の4.8回分

売上
1億4,000万円

在庫
4,200万円

売上
6,000万円

在庫
1,250万円

A社の場合

1年間

3.6か月 → 在庫回転期間＝在庫が一巡するのに要する期間

4,200万円＝在庫高

売上高 1億4,000万円

合は、年で示した数値を12倍します。よく、「この会社の在庫は3か月分必要だ」といわれることがありますが、その場合、その会社の在庫回転期間は3か月ということになります。

在庫高に対する利益の比率はどうか

少ない在庫で多くの利益を得られるほうが効率的

「在庫回転率」は、在庫金額の売上高に対する比率で効率性をみる指標ですが、ここで説明する「ＧＭＲＯＩ」(Gross Margin Return On Inventory Investment) は、在庫金額に対する利益の割合で効率性をみるものです。

ＧＭＲＯＩ ＝ 売上総利益 ÷ 在庫高

少ない在庫で多くの利益が得られるほうが効率性は高いので、この指標は大きいほうが望ましいといえます。

		Ａ 社	Ｂ 社
売上総利益	（ａ）	6,300万円	2,400万円
在庫高（原価）	（ｂ）	4,200万円	1,250万円
ＧＭＲＯＩ	（ｃ＝ａ÷ｂ）	1.50円	1.92円
在庫高（売価）	（ｄ）	7,600万円	4,000万円
交差主義比率	（ｅ＝ａ÷ｄ）	0.83円	0.60円
値入率	（ｆ＝（ｄ－ｂ）÷ｄ）	44.7%	68.8%

この表では、Ａ社はＢ社の２倍以上の利益を計上していますが、在庫高１円あたりの利益は1.50円で、Ｂ社の1.92円を下回っており、Ｂ社に比較して在庫の効率が低いようです。

「交差主義比率」で効率を測ることもできる

ＧＭＲＯＩと同じような指標として「**交差主義比率**」というものがあります。これは、在庫金額の売上高に対する比率という点ではＧＭＲＯＩと同じですが、在庫高を売値で計算する点が異なります。

上の表ではＡ社の交差主義比率は0.83円で、Ｂ社の0.60円を上回っており、Ａ社の効率性が高いといえます。これは、Ｂ社の値入率（売価と原価の差額の売価に占める割合）が高いことが要因です。会社にとって、

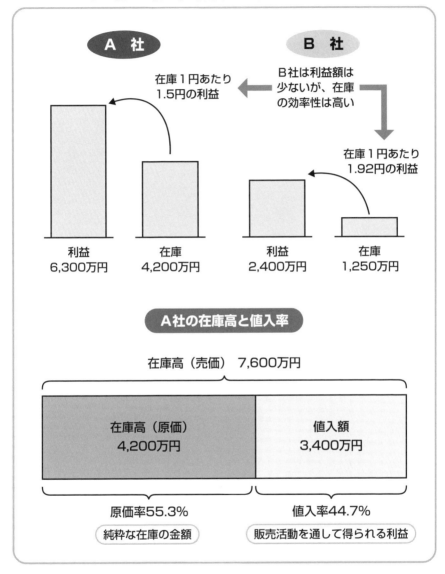

値入率が高いことは望ましいことですが、在庫の効率性を測る場合、値入額は排除して、在庫そのものの金額で考えるほうが妥当です。

そこで一般的には、在庫の効率性はＧＭＲＯＩを使って検討することが多いようです。

品目ごとに効率性を分析してみる

在庫回転率、GMROIの分析のしかた

在庫回転率やGMROIは、会社全体の効率性をみるための指標です。これらの指標は、在庫の品目ごとに分析することもできます。品目ごとの分析によって、効率性の高い商品・製品を増やし、会社全体の効率性を高めることができます。

		全商品	商品A	商品B	商品C	商品D
売上高	（万円）	14,000	4,000	2,500	1,500	500
売上総利益	（万円）	6,300	1,600	1,200	790	190
在庫量（金額）	（万円）	4,200	1,500	680	490	140
在庫回転率	（回）	3.3	2.7	3.7	3.1	3.57
GMROI	（円）	1.50	1.07	1.76	1.61	1.36

商品Aは、売上高と売上総利益は最も多いですが、在庫回転率・GMROIとも、全商品と比較して低く、改善の対策を行なうか、販売額を減らすことを検討すべき商品です。

商品Bは、売上高は全商品の18％程度しかありませんが、在庫回転率・GMROIとも高く、この商品の売上高を伸ばすことで、全体の効率性は高まります。

商品Cは在庫回転率が低く、商品DはGMROIが低く、それぞれに改善策を講じる必要があります。

このように品目ごとの特徴を分析することで、より実践的な対策を講じることが可能になります。

ただし、このような分析は、在庫の効率性の観点だけで行なったものであり、他の要因と合わせて総合的に判断することが望ましいといえます。たとえば、商品Aは在庫の効率性は低いものの、会社全体の4分の1以上の売上総利益を計上しており、今後も需要が伸びる可能性があれば、商品Aの販売額を増やすべきと判断できます。

なお、分析する際の分類のしかたは、品目だけでなく、支店・地域別、

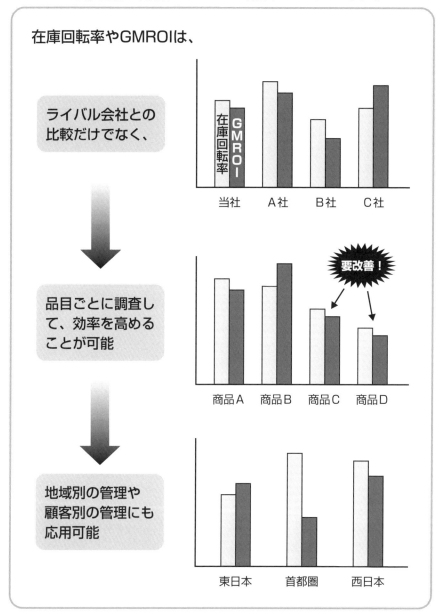

在庫回転率やGMROIは、

ライバル会社との比較だけでなく、

品目ごとに調査して、効率を高めることが可能

地域別の管理や顧客別の管理にも応用可能

当社　A社　B社　C社

要改善！

商品A　商品B　商品C　商品D

東日本　首都圏　西日本

顧客別、倉庫別といった分け方で分類し、対策を考えることにも応用できます。

重要度の高い商品から並べてみると…

重要度に応じてクラス分けをしてみる

　「ＡＢＣ分析」は、在庫を品目ごとなど重要度によって分類し、その高さによって管理方法を変え、効率化を図るために行ないます。

　まず、在庫を**重要な順にＡ・Ｂ・Ｃの３つのクラスに分類**します（細かく管理したい場合は、分類数をさらに増やしてもかまいません）。重要性とは、在庫額（＝品目ごとの単価×数量）の大きい順です。この順で、上位10％に入るもの（品目数が100であれば１位から10位）をＡに、10％に及ばないものの上位20％に入るもの（品目数が100であれば11位から20位）をＢに、それ以外のものをＣに分類します（場合によっては、上位５位まで、10位まで、それ以外などといった分け方でもかまいません）。

　このような分類をすると、おおよそ右表のような結果になるといわれています（品目数が100、在庫の金額が1,000万円の会社の例）。

クラス	順位	クラス内の在庫の金額合計
A	１－10位	500万円
B	11－20位	300万円
C	21－100位	200万円

　これは、上位20位までの品目が、在庫金額の80％を占めるという典型的な例です（この法則を「**80対20の法則**」といいます）。

　在庫をＡ・Ｂ・Ｃのクラスに分けた後、それぞれにどのような管理を行なうかを決めます。

クラス	管　理　方　針
A	在庫量を増やすことを検討する。 品切れが発生しないよう重点管理する。
B	在庫量は現状を維持する。 品切れが発生しないよう定期的に管理する。
C	在庫量を減らす、または保有しないことを検討する。 品切れが発生することも許容する。

◎ＡＢＣ分析のやり方とその後の管理のしかた◎

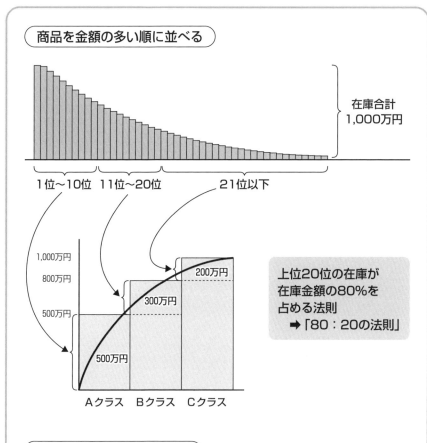

商品を金額の多い順に並べる

在庫合計
1,000万円

1位〜10位　11位〜20位　21位以下

1,000万円
800万円
500万円

200万円

300万円

500万円

上位20位の在庫が
在庫金額の80%を
占める法則
➡「80：20の法則」

Aクラス　Bクラス　Cクラス

重要な在庫を重点管理する

➡100品目のうち20品目に集中させれば、80%の金額を管理できる

Aクラス	在庫を多めに持つ
Bクラス	品切れしないように注意する
Cクラス	品切れとなったら、補充するかどうか再検討する

　この例のようにクラスごとに管理方針を決めることで、自社にとって重要な在庫に対して管理のための労力を集中させ、効率化を図ります。

在庫の滞留期間はどうなっているか

ある時点での在庫滞留状況を表にしてみる

　これまでは金額や数量での管理を説明してきましたが、ここでは時間に着目した管理を説明します。

　在庫は、常に移動（出荷または使用）しています。しかし、品目によって移動のタイミングや速度は異なります。頻繁に出荷されたり使用される商品や材料は、その会社にとって収益に貢献している、または必要性が高いと考えられます。そこで、次のような表をつくり、商品や材料について調査してみます。

【ＡＢＣ商店の令和６年２月20日時点の在庫滞留状況】

	在庫量（kg）	最終移動日	年間移動回数	１回あたり移動量（kg）
商品Ａ	2,480	6. 1. 5	12	30
商品Ｂ	1,260	6. 1.31	20	11
商品Ｃ	860	5.12.26	8	41
商品Ｄ	580	5.10.20	3	26

　この表は、卸売業または小売業の例です。商品Ａは月１回程度の移動があり、１回あたりの移動量も他の商品と比較して多いようです。商品Ｂの移動回数は多いようですが、１回あたりの移動量が少ないことから、これを増やすことが可能か検討してみる必要がありそうです。商品Ｃは移動回数は少ないようですが、１回あたりの移動量は多いことから、こちらは回数を増やすことができないか可能性を探る必要があるようです。商品Ｄは移動回数も１回あたりの移動量も少なく、あまり活発な動きをしていません。最終移動日から４か月も経過しており、他の商品と比較して不良在庫の可能性もあることから、取扱いの廃止を含めて検討する必要がありそうです。

　ただし、移動が不活発な商品または材料であっても、その会社にとってシンボリックな商品であったり、取引先との関係維持のために販売し

◎滞留管理のやり方◎

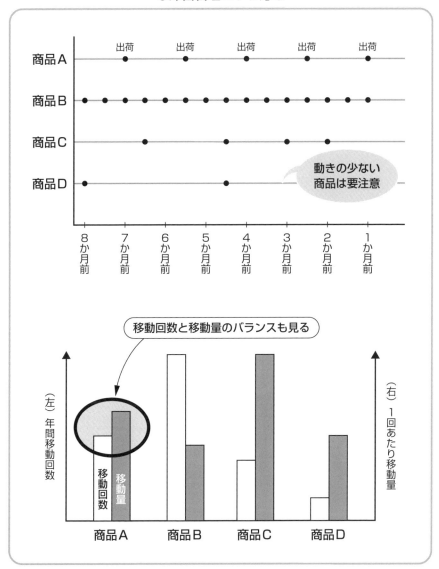

なければならない場合や、量は少なくても製品を完成させるために必須の材料であるといった場合は、在庫から外すことはできません。

このような分析は、金物店や文房具店、機械製造業といった、多品種少量の在庫を数か月以上にわたって保有する会社の分析に有効です。

在庫の評価はどのように行なうのか

在庫の評価次第で利益の額が変わる

3−1項（☞54ページ）で説明した金額統制と関わりの深い「在庫の評価方法」について説明しておきましょう。

ここで述べる在庫の評価方法とは、**貸借対照表（B／S）に棚卸資産（＝在庫）の価格をいくらで計上するかを決める方法**です。その価格をもとに、売上原価または製造原価が計算され、その会社の利益が確定します。

本来は、商品や材料・部品は仕入れた価格、仕掛品や製品はそれを製造するために要した費用を、在庫（＝棚卸資産）の金額として計上すればすむはずです。しかし、現実には次のような問題があります。

①**商品または製品を多量に仕入または製造している会社は、個別に価格を管理することが困難である**

②**商品や材料の仕入価格が変動するものである場合、同じ商品・材料であっても複数の価格が存在する**

そこで、会計のルールでは、合理的に棚卸資産の価格を評価する方法を決めています。この方法はいくつかあり、その主なものは、次のとおりです。これらのなかから、会社の事業に適切な方法を選択します。それぞれの方法については、次項から説明します。

個別法、先入先出法、総平均法、移動平均法
売価還元法、最終仕入原価法

ところで、在庫の評価方法は、厳密に定められています。それは、前述したように、在庫の評価額が利益の計算に使われるからです。利益は会社の成績を示すものであり、また、利益の一部は税金や配当金として支払われます。在庫の評価が適切に行なわれなければ、その影響が大きいということをよく理解しておきましょう。

◎在庫を評価するポイント◎

在庫を評価するうえでの問題点

商品A
商品B
商品C
商品D
⋮

多くの種類の商品を扱うと管理がむずかしい

商品の価格が変動する場合、どの価格が適切か？

評価方法

- ●個別法
- ●先入先出法
- ●総平均法
- ●移動平均法
- ●売価還元法
- ●最終仕入原価法

会計のルールで定められた評価方法のなかから自社に適切な方法を選択する

在庫の評価は利益の計算に直結するため、厳格に行なう必要がある

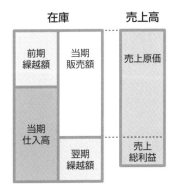

	在庫	売上高
前期繰越額	当期販売額	売上原価
当期仕入額	翌期繰越額	売上総利益

期末の在庫額が多いと売上原価が少なくなり、利益が増加する

	在庫	売上高
前期繰越額	当期販売額	売上原価
当期仕入高	翌期繰越額	売上総利益

期末の在庫額が少ないと売上原価が多くなり、利益が減少する

「個別法」による評価のしかた

取扱数量が少なく、単価が大きいモノに向いている方法

「個別法」は、在庫の仕入にかかった金額または製造にかかった費用をひとつずつ記録しておく方法です。これは、**最も厳密な評価方法です**が、その半面、**管理や記録の手間が大きい**評価方法です。

そこで、個別法は、取扱数量が少なく、かつ、単価が大きい商品・製品を扱っている事業に向いています。

具体的には、住宅やビルディングなどを建築して販売する建設業、顧客の用途に合わせて製造する工作機械の製造業、建造に長期間を要する大型船舶の造船業、美術品や骨董品など個別に価格がつけられる商品を販売する画廊・骨董品店などに向いています。

【商品有高帳の例】

日付	摘要	受　入			払　出			残　高		
		数量	単価	金額	数量	単価	金額	数量	単価	金額
4. 1	前月繰越	2	100,000	200,000				2	100,000	200,000
4.11	仕入	1	150,000	150,000				2	100,000	200,000
								1	150,000	150,000
4.15	売上				1	100,000	100,000	1	100,000	100,000
								1	150,000	150,000
4.21	仕入	1	200,000	200,000				1	100,000	100,000
								1	150,000	150,000
								1	200,000	200,000
4.26	売上				1	150,000	150,000	1	100,000	100,000
								1	200,000	200,000
4.30	次月繰越				1	100,000	100,000	0	0	0
					1	200,000	200,000			

※種類の異なる商品を同一の商品有高帳で記入する例です。

◎「個別法」のポイント◎

●「個別法」とは●

商品または製品の価格を1つずつ記録し評価する方法

個別法が向いている事業

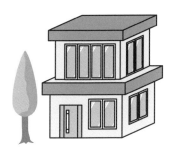

住宅販売業

貴金属・宝石店

美術品販売業

その他、次のような事業

● 高額な商品を扱う事業
● 商品・製品の取扱量が少ない事業
● 個別に商品・製品の評価を行なうことが必要な事業

　このような商品・製品は、個別に正確な評価を行なうことが望ましいものでもあります。

「先入先出法」による評価のしかた

在庫の評価額は期末日に近い日のものになる

　「先入先出法」は、先に仕入れた、または製造した在庫から先に販売するという想定で、在庫の単価を決める方法です。「ＦＩＦＯ」（First-in, First-out method）と呼ばれることもあります。

　個別法と異なり、実際に出庫する在庫と、帳簿上で払出する在庫を紐付け（関連付け）しませんが、一般的に同じ商品・在庫は、先に仕入れ、または製造したものを先に出庫するので、両者の動きはほぼ一致します。そのため、**常に在庫の価格は実態と近いもの**となります。

　しかし、売上原価または製造原価は、会計期間（一般的には１か年）を通して算出されるものであるのに対し、先入先出法での在庫の評価額は期末に近い日のものとなるため、両者で乖離が起きやすくなります。たとえば、期末の有高が100個で、その評価額が10万円であり、一方、

【商品有高帳の例】

日付	摘要	受入			払出			残高		
		数量	単価	金額	数量	単価	金額	数量	単価	金額
4. 1	前月繰越	100	100	10,000				100	100	10,000
4. 6	仕入	60	110	6,600				100	100	10,000
								60	110	6,600
4.11	売上				100	100	10,000	40	110	4,400
					20	110	2,200			
4.19	仕入	80	120	9,600				40	110	4,400
								80	120	9,600
4,24	売上				40	110	4,400	40	120	4,800
					40	120	4,800			
4.30	次月繰越				40	120	4,800	0	0	0

※同じ種類の在庫だけをひとつの在庫有高帳に記入する例です。

◎「先入先出法」のポイント◎

●「先入先出法とは」●

商品または製品が先に入荷したものから先に出荷すると想定して
記録し評価する方法

入庫　　　　出庫

商品有高帳

商品・製品と帳簿
の紐付けはしない

商品・製品の移動と同じ前提で帳簿を記入するが、それぞれの紐
付けはしない

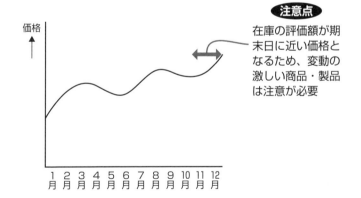

注意点

在庫の評価額が期
末日に近い価格と
なるため、変動の
激しい商品・製品
は注意が必要

価格

1月 2月 3月 4月 5月 6月 7月 8月 9月 10月 11月 12月

その在庫が年間で100万円（原価）分、販売されたとします。このとき、年間販売数量は必ずしも1,000個（＝100個×100万円÷10万円）ではなく、価格の変動が大きいほどその差も大きいということを考慮する必要があります。

「総平均法」と「移動平均法」の評価法

総平均法だと期末日まで単価が決まらない

前項の先入先出法の欠点を補う方法として、「総平均法」があります。

これは、決算日時点の在庫の評価の単価を、**会計期間中の単価の平均**とする方法です。単価は次のように求めます。

単価＝（期首の在庫の金額＋期間中に仕入または製造した在庫の金額）
**　　　÷（期首の在庫の数量＋期間中に仕入または製造した在庫の数量）**

しかし、この方法は、期末日になるまで、適用すべき単価が定まらないという欠点があります。

日付	摘要	受　入			払　出			残　高		
		数量	単価	金額	数量	単価	金額	数量	単価	金額
4. 1	前月繰越	60	100	6,000				60		
4. 5	仕入	100	120	12,000				160		
4.12	売上				120			40		
4.18	仕入	80	125	10,000				120		
4.25	売上				60			60	117	7,000
4.30	次月繰越				60	117	7,000	0	0	0

※期末日の単価
　＝（6,000円＋12,000円＋10,000円）÷（60個＋100個＋80個）
　＝28,000円÷240個≒117

移動平均法だと仕入のつど、計算が必要になる

さらに、総平均法の欠点を補う方法が、「**移動平均法**」です。これは、商品・製品を仕入または製造するたびに、それまでの在庫の単価と新たな在庫の単価を平均して、それ以降の在庫の単価とする方法です。この方法は、期末日を待たなくても適切な単価が把握できますが、新規の在庫が発生するたびに計算を行なう手間をともないます。

●「総平均法」とは●

期首の在庫と期中に仕入または製造した在庫の平均を評価の単価とする方法

単価 ＝ $\dfrac{\text{期首の在庫金額＋期中に仕入または製造した在庫の金額}}{\text{期首の在庫の数量＋期中に仕入または製造した在庫の数量}}$

注意点 期末日まで評価額が確定しない

- -

●「移動平均法」とは●

商品または製品の移動があるたびに、既存の在庫と新規の在庫の平均を求めて、評価の単価とする方法

単価 ＝ $\dfrac{\text{既存の在庫の金額＋新規の在庫の金額}}{\text{既存の在庫の数量＋新規の在庫の数量}}$

注意点 新規の在庫が発生するたびに、単価を計算する必要がある

日付	摘要	受 入			払 出			残 高		
		数量	単価	金額	数量	単価	金額	数量	単価	金額
4. 1	前月繰越	60	100	6,000				60	100	6,000
4. 5	仕入	100	120	12,000				160	113	18,000
4.12	売上				120	113	13,500	40	113	4,500
4.18	仕入	80	125	10,000				120	121	14,500
4.25	売上				60	121	7,250	60	121	7,250
4.30	次月繰越				60	121	7,250	0	0	0

※4月5日の単価＝（6,000円＋12,000円）÷（60個＋100個）≒113円
※4月18日の単価＝（4,500円＋10,000円）÷（40個＋80個）≒121円

3-13 在庫の評価方法⑤

「売価還元法」と「最終仕入原価法」の評価法

売価還元法はスーパー、コンビニなどで使っているが…

「売価還元法」は、会計期間の取引から原価率を計算し、それから、期末の在庫額を求める方法です。

具体的には次のように計算します（ここでは、税法による計算式を示しています）。

原価率＝（期首在庫額（原価）＋当期仕入額または当期生産額（原価））
　　　　÷（当期売上高＋期末在庫額（売価））

期末在庫額（原価）＝期末在庫額（売価）×原価率

これは、売価の在庫額に原価率を掛けて原価の在庫額を算出するという、簡略化した方式で、原価を管理しようとする観点からは、これは適切とはいえません。

しかし、スーパーマーケットのような少額で多くの種類の商品を取り扱う業種では、個別に取得価額を管理することは煩雑で大きな負担となります。このような事業では、細かい管理を行なうよりも、商品をたくさん売ることに注力することのほうが、結果として多くの利益を得ることになります。

そこで、スーパーマーケット、コンビニエンスストア、百貨店などの小売業、単価の小さい製品を多量に生産している製造業ではこのような評価方法が採用されています。

最終仕入原価法だと正確な評価はできない

「最終仕入原価法」は、決算日に最も近い日に仕入または製造した商品または製品の単価を、在庫の評価に使う方法です。

これは、先入先出法に似ていますが、決算日時点の在庫のすべてが必ずしも評価に使う単価で取得しているとは限らず、正確な在庫の評価方法とはいえません。

この評価方法は、会計期間中は仕入単価や製造単価の管理を行なわな

◎「売価還元法」と「最終原価仕入法」のポイント◎

●「売価還元法」とは●

期末在庫額（売価）に原価率を乗じて期末在庫額（原価）を求める方法

$$期末在庫額（原価）＝期末在庫額（売価）×原価率$$

$$原価率 ＝ \frac{期首在庫額（原価）＋ 当期仕入額または当期生産額（原価）}{当期売上高 ＋ 期末在庫額（売価）}$$

注意点 正確な在庫管理には不向き。
少額の商品を多く取り扱う事業に適する

●「最終仕入原価法」とは●

決算日に最も近い日に仕入または製造した商品または製品の単価を在庫の評価に使う方法

注意点 期中の単価の管理は不要だが、正確性に欠ける

くてすむという点が長所となりますが、それは言い換えれば在庫の効率化を図るための活動を行なわないということでもあります。

　少なくとも、価格の変動の大きい商品や製品、もしくは単価の大きい商品や製品に対しては、この評価方法は避けることが無難です。

「在庫金利」の考え方

　「在庫金利」とは、在庫の保有に関する費用を指します。

　その費用は、商品や材料を仕入れるために行なった借入れに対する「支払金利」という本来の意味での金利が基本です。しかし、それだけでなく、会社が調達した資金が在庫以外に充てられていたら得られたであろう利益も加味して考えられることが一般的のようです。この考え方の代表的なものは、「加重平均資本コスト」などです。

　加重平均資本コストについて、簡単な例で示しましょう。

　ある会社で、借入金4,000万円を金利2％で借入れしており、また、資本金1,000万円に対し10％の配当を行なう予定であるとします。

　この場合、加重平均資本コストは次のように計算して、約148万円になります。

　4,000万円×2％×（1－実効税率約40％）＋1,000万円×10％
≒148万円

　これは、借入金と資本金の合計額である5,000万円を調達するコストなので、これらの資金を使う事業活動が2.96％（＝148万円÷5,000万円）を上回る収益率とならなければ、真に利益を得られないということになります。

　さらに、在庫の陳腐化リスクを加味して、「当社では在庫金利を3％とする」というような管理のしかたが行なわれたりします。

　在庫金利を使った管理の例もみてみましょう。

　この会社の年間平均在庫額が3,000万円であり、その在庫を使う事業から得られた利益が320万円であったとします。このとき、在庫金利として90万円（＝3,000万円×3％）がかかるので、その事業から生まれた本当の利益は230万円（＝320万円－90万円）である、という考え方をします。

　ただし、この在庫金利という考え方は、事業の収益性を経営者が判断するために使うもので、損益計算書上に表われるものではありません。

4章

適切な発注のしかたと
在庫量の調整

安全在庫量の
考え方を知っ
ておきましょ
う。

発注のしかたには4つの方法がある

「いつ」「どれくらい」発注したらよいのか

　前章では、どの在庫（金額統制・数量統制・ＡＢＣ分析）がどれだけ（在庫回転率・ＧＭＲＯＩ）あればよいか、ということについて説明してきました。この章では、**在庫の量をどのように適切に維持するか**について説明していきます。

　ところで、在庫は、仕入と販売または使用により常に動きがあります。しかし、販売や使用は、その原因が商品や製品の販売先の都合によって起きるものであり、コントロールできる部分が少なく、受動的になりがちです。それに対し、仕入（＝発注）は比較的、能動的に行ないやすく、**在庫量の調整は発注に注力して行なわれることが多い**ようです。そこで、この章では、まず発注について説明していきます。

　発注でコントロールすることは、主に「**いつ**」行なうかということと、「**どれくらい**」発注するかということの2つです。

　「いつ」発注するかとは、すなわちタイミングのことですが、まず、定期的に行なうか、または不定期的に行なうかを検討します。一方、「どれくらい」、すなわち発注量については、一定量を発注するかまたは不定量を発注するかを検討します。

4つの発注方法

　発注の方法は、タイミングと発注量によっておおよそ次の4つに分類されることになります。

①**定期定量発注法**…定期的に一定量を発注する方法
②**不定期定量発注法**…不定期的に一定量を発注する方法
③**定期不定量発注法**…定期的に不定量を発注する方法
④**不定期不定量発注法**…不定期的に不定量を発注する方法

　これらの発注方法のなかから、事業の内容や在庫の種類によって適切な方法を選びます。発注は、タイミングと量をうまくコントロールしな

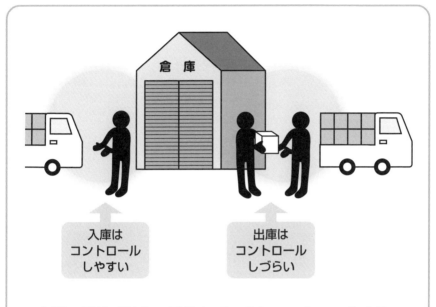

在庫の量は「仕入＝発注」で、主にコントロールする。

発注方法は４つある

		発 注 量	
		定 量	不定量
タイミング	定 期	定期定量発注法	定期不定量発注法
	不定期	不定期定量発注法	不定期不定量発注法

がら、適切な在庫の量を維持することで、事業の効率化を進めていきま
す。次項からは、それぞれの発注方法の特徴を説明していきます。

一定間隔で一定量を発注する

長期間にわたって一定量の販売等が見込める場合に最適

　前項で紹介した4つの発注方法のうち、はじめに「定期定量発注法」について説明しましょう。

　この発注方法は、**一定間隔で一定の量の商品または材料を発注する方法**です。たとえば、「毎週月曜日に小麦粉を10kgずつ発注する」とか「毎月10日に砂糖を100kgずつ発注する」という方法です。

　この方法で発注する場合、まず、どのくらいの間隔でどれだけの量を発注するかを決めます。これらは、販売見込みなどから勘案して決めるわけですが、発注の対象となる商品や製品の材料は、ある程度の長い期間にわたって一定量での販売や使用が見込める場合に限られます。したがって、実務上はそのような商品・材料はあまり多くないようです。

　しかし、最初に発注する間隔や量を決めておくだけで、あとは定例的な作業を行なうだけとなり、4つの発注方法のなかでは、最も作業負担の少ないものとなるので、対象となるものがある場合は、定期定量発注法は有効な手段です。

在庫のコントロールはしづらい

　発注の間隔や量の決め方は、前述のとおり販売または受注の見込みに従って決めます。たとえば、「商品Aは、販売先から3年にわたって毎月100kg購入するとの依頼を受けている」ということであれば、「毎月10日に商品Aを100kg発注する」というルールを決めて発注を行ないます。

　このように、定期定量発注は、負担の少ない発注方法である一方、次のようなデメリットがあります。

①はじめに発注間隔と発注量を決めるだけであり、コントロールできる部分が少ない。

②対象となる商品や材料が限定的である。

定期定量発注とは

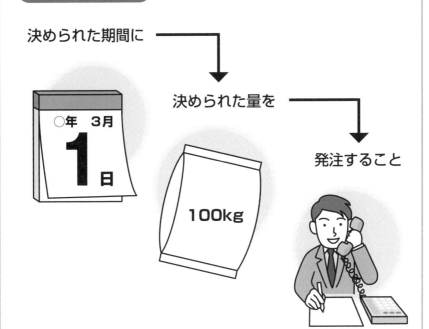

決められた期間に

決められた量を

発注すること

○年 3月 **1** 日

100kg

適する事業または在庫

長期間 にわたって **等間隔** で **一定量** を

販売または使用するもの

定期定量発注法のメリット・デメリット

メリット	発注の作業の手間や管理の負担が小さい
デメリット	適用できる商品、材料の範囲が小さい

経済的発注量の考え方を知っておく

発注に関する費用は２種類ある

前項で説明した定期定量発注法で、いつ・どれくらい発注するかを算出する方法として、「経済的発注量」という考え方があります。これは、発注に関する費用を最も少なくする発注量を求めるものです。

まず、発注に関する２つの種類の費用について説明しておきましょう。

ひとつは、「発注費」です。具体的には、通信費や商品・材料を受け取るための費用などが該当し、発注の回数が多ければ増加します。

もうひとつは、「在庫維持費」です。これは、在庫を持つことに関してかかる費用で、具体的には、在庫購入資金の融資を受けた場合はその金利、倉庫を借りていればその賃借料、商品や材料の品質を維持するための費用、さらに棚卸減耗も含まれます。これらは、在庫の増加に従って増加します。

経済的発注量＝ＥＯＱとは

発注費を少なくするためには、発注回数を減らせばよいのですが、発注回数を減らせば、ある程度まとまった在庫を持つ必要があります。その一方で、在庫維持費を少なくするためには、在庫量を減らせばよいのですが、そうすることで発注回数が増加します。このように、**発注費と在庫維持費はトレードオフ（背反）の関係**にあります。

そこで、発注回数が多過ぎず、また少な過ぎないちょうどよい発注量を求め、その量を発注することによって、総合的に費用を最少にすることができそうです。その発注量を「経済的発注量」または「ＥＯＱ」（Economic Order Quantity）といいます。

ＥＯＱについては、次ページのグラフを見てもらうと視覚的にわかるとおり、**発注費と在庫維持費が等しくなるときの発注量**が、両者の合計が最も少なくなります。そのときの発注量が「ＥＯＱ」です。

◎「経済的発注量」の探し方◎

発注費

発注にかかる費用

- 電話料
- 通信料
- 人件費

発注量が少ないと、発注回数が多くなり、発注費も多くなる

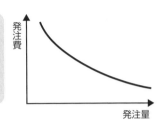

在庫維持費

在庫を維持するためにかかる費用

- 借入金の金利
- 倉庫の賃借料
- 品質を維持する費用

発注量が多いと、在庫量も増加し、在庫維持費も多くなる

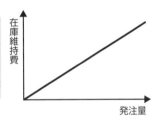

経済的発注量 ➡ 「発注費＋在庫維持費」が最も小さくなるときの発注量

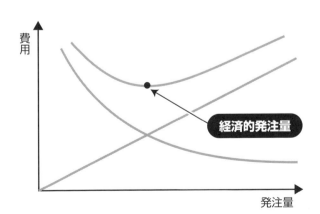

経済的発注量

87

計算によるEOQの求め方

　EOQは計算で求めることもできます。その計算方法は、次のとおりです。

　まず、発注費について計算式で表わすと、次のようになります。

> **発注費＝発注回数×1回あたり発注費（E）**
> **＝（一定期間内の発注量（D）÷発注量（Q））×E**

　次に、在庫維持費について計算式で表わすと、次のようになります。

> **在庫維持費＝1個あたり在庫維持費用（H）×（発注量（Q）÷2）**

　発注量を2で割る理由は、在庫は納品されてから次に納品されるまで徐々に減るため、発注量を2で割ることで「平均在庫量」を求めるからです。

　そして、発注量QがEOQであるとき、発注費と在庫維持費は等しいので、次のような等式で表わされます。

> **D÷Q×E＝H×Q÷2**

　これをQについて解くと、EOQを求める計算式になります。

> **EOQ＝√（2ED／H）**

　たとえば、商品Aの1回あたりの発注費が500円、1年間で発注する量が50万個、1個あたりの在庫維持費が5円だとすると、EOQは1万個になります。

　EOQ＝√（2×500円×500,000個÷5円）

　　　＝10,000個

　したがって、商品Aは年間50万個仕入れる予定なので、EOQである

> ## 知っとコラム
>
> # 「仕入諸掛」とは
>
> 「仕入諸掛」とは、商品や材料・部品を仕入れるときにかかる費用のことです。具体的には、運賃、保険料、関税、その他の手数料です。
>
> この仕入諸掛も、「費用収益対応の原則」（☞50ページ）が適用されます。
>
> たとえば、1個100円の商品Aを1個あたり5円の運賃（仕入諸掛）を支払って100個仕入れたとします。このとき、商品そのものの仕入代金は10,000円で、運賃は500円です。しかし、仕入れを行なった会計年度に販売された商品Aは80個で、20個が翌期へ繰り越されたとします。この場合、商品A20個分の価額2,000円が棚卸資産として、その会計年度末の貸借対照表に計上されます。これと同時に、その商品20個分の運賃100円も、会計年度末にはいったん棚卸資産に計上されます。そして、商品そのものの代金も運賃も、翌期以降、販売された時点で費用に振り替えられます。
>
> このように、貸借対照表の棚卸資産勘定には、商品そのものの価額だけでなく、仕入諸掛も含まれているわけですが、このことは、形となって見える在庫の金額だけでなく、その在庫に関連する費用も含めて管理の対象とすべきということの裏付けとなっています。

1万個でこれを割ると、1年間で50回、仕入を行なうことで費用は最少となります。すなわち、おおよそ1週間ごとに仕入れることが最良ということになります。

以上がEOQの考え方ですが、現実的には利用しにくい面もあります。定期定量発注の対象となる商品や材料が少ないということだけでなく、EOQを求めるための発注費や在庫維持費を算出することが難しいようです。

ただし、EOQは在庫管理の基本となる有名な考え方なので、EOQを理解しておくことはおすすめします。

不定期で決まった量を発注する

在庫切れは確実に防ぐことができる

「不定期定量発注法」は、発注のタイミングは一定ではありませんが、定まった量を発注するというものです。

この方法は、一定量の需要があるものの、その需要が多いときと少ないときがある商品や製品の材料を発注する場合に適しています。

不定期定量発注法の代表的な方法に、「2ビン法」という方法があります。「ビン」とは入れ物のことで、2つの入れ物を使う発注方法です。

2つの入れ物のうち、1つが空になったらその入れ物に入る分量の商品・材料を発注します。そして、発注してからその商品・材料が届くまでの間は、もうひとつの入れ物のなかの商品・材料を販売・使用します。

たとえば、商品Mが100個入る棚を2つ（AとB）用意します。そこに、商品Mを100個ずつ入れ、最初に棚Aから出庫していきます。そして、棚Aから商品Mがなくなったら、次に、棚Bから商品Mを出庫し始めます。それと同時に、商品Mを100個発注します（棚Aに入れる）。

このように2ビン法は、1つの入れ物が空になってから発注を行なうので、**発注のタイミングは不定期**になりますが、発注する量は1つの入れ物に入る**定量を発注する**というものです。

この方法のメリットは、帳簿などで管理することなく、「入れ物」を見て発注のタイミングを知ることができることです。また、発注量も一定であり、ルールが簡単でわかりやすい、というメリットもあります。そして、在庫切れが起きることを確実に防ぐことができます。

デメリットは、発注量が定量のため、動きの多い在庫に対しては在庫量が過小になったり、動きの少ない在庫は在庫量が過剰になりやすいなど、柔軟性に欠けることです。

このような欠点を補うために、不定期定量発注法は在庫の動きが頻繁なものに適用し、さらに定期的に「入れ物」の大きさが適切かどうかを点検するとよいでしょう。

◎「不定期定量発注法」のしくみ◎

不定期定量発注とは

在庫がなくなったら ➡ 一定量を ➡ 発注すること
（不定期に）

100kg

適する事業・在庫

一定の需要 があるものの **需要に繁閑** がある商品・製品

2ビン法

2つの入れ物のうち
片方が空になったら

1つの入れ物分を
発注し、補充する

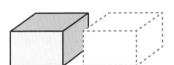 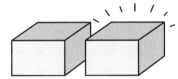

不定期定量発注法のメリット・デメリット

メリット	発注のタイミングが目で見てわかる。発注のルールが簡単
デメリット	在庫量が少なくなり過ぎたり、過剰になることが起きやすい

決められた時期に必要量を発注する

販売計画や生産計画を立てている会社に最適

「定期不定量発注法」は、決められたタイミングでそのときに応じた量を発注する発注法です。

この方法は、10日ごと、または1か月ごとといった一定期間で販売計画や生産計画を立てている会社が、その商品や材料を発注するときに適しています。

定期的な発注とは、前述のように等間隔のタイミングで発注を行なうことです。たとえば、毎週月曜日といった7日ごと、1日・11日・21日といった10日ごと、毎月10日といった1か月ごと、というように**一定の間隔を決めて**発注を行ないます。

したがって、販売や生産が定型的になっている場合は、スケジュールが組みやすい発注方法です。また、代金支払いも発注とほぼ同じ間隔で行なわれるため、商品や材料を購入するための資金繰りも組みやすいという利点もあります。

ただし、発注日は、発注先の指定によって決められる場合もあります。そのような場合、発注先によって発注日が異なることにより、自社の発注業務が複雑になることもあるため、なるべく発注日を集中できるように、発注先を選択するとよいでしょう。

発注日は等間隔な一方で、発注量はそのときに応じて発注します。つまり、次回の発注日までの販売量または使用量を予測して発注を行ないます。この予測は、販売計画または生産計画をベースに、現在の在庫量を加味して行ないます。

このように、不定期定量発注法は、スケジュールを組みやすく、計画的な販売や生産を行なっている会社や事業に適しています。その一方で、次回の発注日までの需要を予測して発注量を決めるため、在庫が過剰となりがちです。また、急な受注があった場合、発注日が決められていることによって必要な在庫を確保できなくなる可能性もあります。

◎「定期不定量発注法」のしくみ◎

定期不定量発注とは

決められた時期に ➡ その時に
必要な量だけ ➡ 発注すること

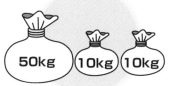

50kg 10kg 10kg

適する事業・在庫

月間、週間などで、販売計画や生産計画を立てている事業

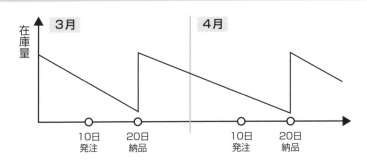

在庫量

3月　　　　　4月

10日　20日　　10日　20日
発注　納品　　発注　納品

作業のスケジュールが明確になる

【 定期不定量発注法のメリット・デメリット 】

メリット	スケジュールを組みやすい
デメリット	予測で発注量を決めるため、在庫量が過剰になりやすい。 急な需要の変化に対応しにくい

需要に応じて適切に発注する

在庫効率を最も高められる発注方法

「不定期不定量発注法」は、発注するタイミングをあらかじめ決めておかず、発注する量もそのときに応じた量を発注する発注法です。

不定期に不定量を発注する方法なので、あらゆる事業・商品・製品に対応できますが、特に、需要に敏感に対応している大規模事業者はほとんど採用し、その特徴を活かしています。

不定期に不定量の発注をするという意味は、**需要に対して必要なときに必要な量を発注する**ということです。決して、適当なときに適当な量を発注するというネガティブな意味ではありません。これまで説明してきた発注方法と比較して、最も需要に適切に応じる発注方法であり、また、在庫効率を最も高める発注方法でもあります。

不定期不定量発注法は、顧客からの需要に合わせて、細かく発注活動を行なうという点で、発注活動の負担は大きくなります。それを実現するためには、2つのポイントがあります。

ひとつめは、**体制の整備**です。あらかじめ発注のタイミングや発注の量を決めていないことから、発注はどういう条件になったら行なうのか、発注量はどのように決めるのかというルールを明確にし、社内にきちんと浸透させておかないと、この発注法はうまく機能しません。

ふたつめは、IT化です。事務負担の大きい発注法なので、情報技術（IT）なしに実践することはむずかしいでしょう。需要の動向の把握、在庫状況の把握、迅速な発注作業は、IT化が十分に行なわれている必要があります。そのためには、**あらかじめIT投資ができること、ITを使える人材が十分にそろっていること**が前提となります。

不定期不定量発注法は、効率の高い発注法である半面、その前提条件のレベルも高い発注法です。したがって、規模の大きい会社が実施する強者の方法であるともいえます。

不定期不定量発注とは

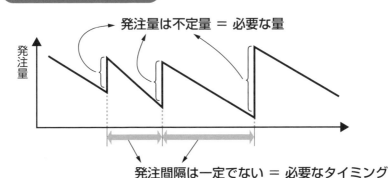

発注量は不定量 = 必要な量

発注間隔は一定でない = 必要なタイミング

適する事業・在庫

あらゆる事業、特に需要動向に機敏に対応する必要のある大規模な事業

不定期不定量発注のポイント

①ルールを明確にする

いつ発注するか
　1.
　2.

どれだけ発注するか
　1.
　2.

② IT化

需要 | 在庫 | 発注

不定期不定量発注法のメリット・デメリット

メリット	在庫効率が高い
デメリット	体制の整備、IT投資などの負担が大きい

リードタイムを短くするには

発注の際にリードタイムが問題になる

　この項では、発注法と密接な関係にある「リードタイム」という考え方について説明します。

　在庫管理でいうリードタイムとは、「**商品・材料を発注してから自社に納品されるまでの期間**」をいいます。

　たとえば、「午後5時までの注文は、その翌々日の10時に納品される」という条件の場合、「リードタイムは2日間」ということになります。このリードタイムは、発注する相手の会社や、商品・材料によってさまざまです。朝に発注すれば、その日のうちに届けてもらえる場合もあります。一方で、注文を受けてから製造を始めるため、納品されるまで1か月かかるという商品もあります。

　発注の際にリードタイムが問題となるのは、タイミングです。不定期発注法で発注する場合や定期発注法でも臨時に発注する場合は、リードタイムを見越して前もって発注する必要が出てきます。在庫がなくなってから発注すると、リードタイムの間は販売や使用ができなくなります。したがって、**リードタイムの間に販売したり使用したりする在庫の量をあらかじめ計算**しておき、その量を下回らないうちに発注を行なう必要があります。

　たとえば、1日の平均販売個数が100個の商品のリードタイムが2日であれば、200個（＝100個×2日）を下回らないうちに発注する必要があります（実際には、さらに品切れリスクを防ぐため、ある程度の余裕をもたせた「安全在庫量」を加えた在庫量を基準にする場合が多いようです。安全在庫量については次項で詳述します）。

　リードタイムは、短いほうが望ましいので、社内で在庫量を管理する部署と発注する部署が分かれている場合は、その部署間での連絡に要する時間を短くする工夫をすることが望ましいでしょう。また、取引先にも、リードタイムを短くすることを常に働きかけることも大切です。

◎「リードタイム」の考え方◎

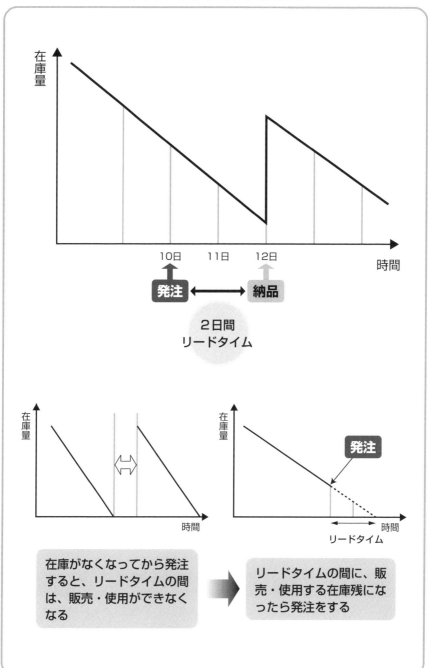

在庫量

10日　11日　12日

時間

発注 ←→ **納品**

2日間
リードタイム

在庫量

時間

在庫量

発注

リードタイム

時間

在庫がなくなってから発注
すると、リードタイムの間
は、販売・使用ができなく
なる

→

リードタイムの間に、販
売・使用する在庫残にな
ったら発注をする

余裕をもたせる在庫量の求め方

在庫の欠品が生じないようにする

前項のリードタイムの説明のなかで登場した、「安全在庫量」という考え方について説明しておきましょう。

発注は、リードタイムの期間に販売したり使用する在庫を見越して行ないますが、必ずしも予想どおりに在庫が減るわけではありません。結果として、余ってしまうこともあるし、逆に足りなくなってしまうことがあります。特に、現場の担当者が気にかけることは、**在庫がなくなってしまう、すなわち欠品が起きること**です。

そこで、リードタイムの間に販売または使用が見込まれる在庫量に、さらにある程度余裕をもたせた量になったところで発注をすることで、欠品を防ぐ対策をとることが多いようです。その「**余裕をもたせる在庫量**」のことを「安全在庫量」といいます。

安全在庫量の計算のしかた

安全在庫量の計算は、統計学の考え方を使って計算します。つまり、リードタイムの日数に、過去の出荷動向のバラツキ（標準偏差）を加味して、どれだけ余裕をもたせるかというように計算します。具体的な計算式は、次のとおりです。

$$安全在庫量 ＝ 安全係数 × 標準偏差 × \sqrt{リードタイム（日数）}$$

まず、「標準偏差」は、過去の出荷動向から次のように計算します。

	1日	2日	3日	4日	5日	6日	平均
出荷数	17	12	16	13	14	18	15
（出荷数の平均−出荷数）^{2}	4	9	1	4	1	9	4.67

上の表は、ある月の1日から6日までを例にとって示しています。ま

◎安全在庫量はどこにあるか？◎

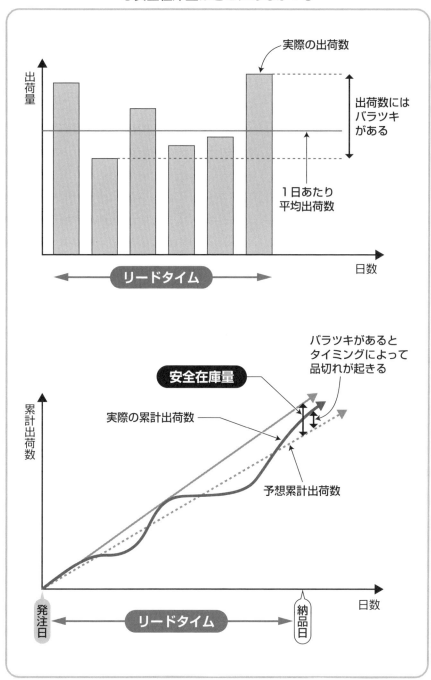

実際の出荷数

出荷量

出荷数には
バラツキ
がある

1日あたり
平均出荷数

リードタイム

日数

安全在庫量

バラツキがあると
タイミングによって
品切れが起きる

累計出荷数

実際の累計出荷数

予想累計出荷数

発注日

リードタイム

納品日

日数

ず、6日間の平均の出荷数を求め、次に各日ごとにその日の出荷数と平均との差を2乗したものを求めます。さらに、その計算結果の平均を求めます。先の表の場合、「（4＋9＋1＋4＋1＋9）÷6＝4.67」となります。さらにその4.67の平方根を求めます。その結果は、「$\sqrt{4.67} \fallingdotseq 2.16$」となりますが、この2.16が標準偏差（バラツキ）となります（実際の計算では、調査期間を1か月間や1か年などにして、より精度の高い数値を求めるとよいでしょう。ただし、「1日あたりのバラツキは3個程度」といったように、経験的にバラツキがわかる場合は、その数値を標準偏差の代わりに使ってもかまいません）。

次に、算式中の「**安全係数**」は、サービス率に対応した数値です。「**サービス率**」とは、品切れが起きない確率のことです（逆に、品切れが起きる確率を「**欠品率**」といい、「欠品率＝100％－サービス率」で算出されます）。安全係数とサービス率の関係は、次の表のとおりです。

安全係数	1.28	1.65	2.00	2.33
サービス率	90.0%	95.0%	97.7%	99.0%
欠品率	10.0%	5.0%	2.3%	1.0%

もし、サービス率が95％となる在庫量を知りたいときは、それに対応する安全係数1.65を使って安全在庫量を計算します（なお、安全係数の算出の根拠については複雑な説明が必要なので、本書では割愛します）。

98ページの表の商品のリードタイムが3日の場合、サービス率95％の安全在庫量は、次のように計算できます。

安全在庫量＝安全係数1.65×標準偏差2.16×$\sqrt{リードタイム3日}$
　　　　　$\fallingdotseq 6.17$個

そこで、この商品を発注すべき時点の在庫量は次のようになります。

　発注すべき時点の在庫量
＝1日の平均出荷数15個×リードタイム3日＋安全在庫量6.17個
$\fallingdotseq 51$個

知っとコラム　データ収集で差をつけよう

　効率的な在庫管理を実施するには、データが欠かせません。

　たとえば、安全在庫量を求めるにも、過去の出荷動向がわからないと、計算そのものができません。「いまはデータがないので、これからデータを集めよう」ということになると、安全在庫量の算出は1か月間のデータを集めてから…ということになってしまいます。また、季節性の激しい商品・製品を扱っている会社は、少なくとも1年経たないと、参考になるデータを得ることができません。

　もうひとつ、データの収集で問題となることは、その負担です。これは著者の経験から感じるのですが、黎明期（れいめいき）の会社では、会計帳簿をつけるための最低限の数字の把握しか行なっていない場合が多いようです。たとえば、材料を仕入れている場合でも、購入先の会社ごとに「何年何月にはいくら払ったか」という記録は残っていても、どの部品を単価いくらで何個買ったかというところまでは、記録として残っていない場合もあります。

　このようなデータの収集は、従来は行なっていなかったところに新たに始めようとすると、大きな負担を感じるものです。そこで、ＩＴ化を実施するタイミングで、コンサルタントなどの専門家と相談しながら、効率的なデータ収集のしくみを整えて開始する、といったことをおすすめします。いかに多くのデータを効率的に集めるかという工夫も、ライバル会社との差をつけるポイントです。

　ただし、この安全在庫量は理論的な性格が強く、現実的には計算どおりに利用できないことが多いようです。したがって、発注のタイミングを決めるときの参考として利用するとよいでしょう。

　また、サービス率をどの程度にするかということも、安全在庫量を決めるときの重要な要素となります。これは、後述する在庫戦略を定めるなかで、決定していくことになります。

在庫日数から適切な在庫量を求める

在庫日数から在庫量を判断することができる

　ここでは、リードタイムと同様に、発注法と密接な関係にある「**在庫日数**」という考え方について説明します。

　在庫日数は、次の式で算出します。

> **在庫日数 ＝ 在庫量 ÷ 1日あたり平均出荷量**

　この式は、「**在庫回転期間**」（＝在庫高÷売上高）に似ています。在庫回転期間は金額で計算しますが、在庫日数は数量で計算します。算出した結果は同じものとなりますが、在庫日数は1日単位で表わし、日数に着目した指標です。

　これは、**発注を行なうときの在庫量の適切さ**を検討するときに使います。たとえば、商品Aが1,000個、商品Bが600個あるとします。それぞれの在庫日数を計算してみると、次のようになります。

		商品A	商品B
在庫量	（a）	1,000個	600個
1日あたり平均出荷量	（b）	400個	120個
在庫日数	（c＝a÷b）	2.5日	5日

　商品Aは、商品Bより在庫量が多いものの、1日あたり平均出荷量も多いため、在庫日数は2.5日しかありません。在庫量で多いか少ないかを判断することもできますが、時間の概念を取り入れた在庫日数でみてみると、商品Aは商品Bに比較して少ないと判断できます。このようにして、在庫日数から各商品の在庫量の適切さを測ることも有用です。

　さらに、在庫日数がリードタイムより短いと、その商品は欠品になる可能性が高くなります。在庫日数がリードタイムを下回らないように、在庫量を管理する必要もあります。

　また、需要の変化が激しい商品は、平均出荷量を定期的に計算し直し、より適時な判断ができるようにするとよいでしょう。

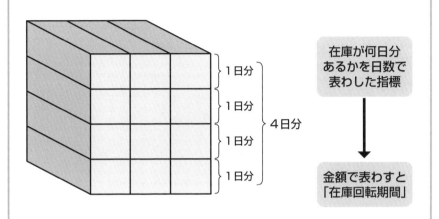

在庫が何日分
あるかを日数で
表わした指標

↓

金額で表わすと
「在庫回転期間」

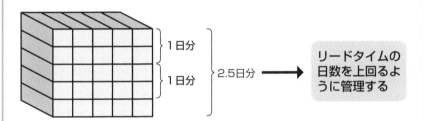

リードタイムの
日数を上回るよ
うに管理する

在庫量が多くても…平均出荷量が多いと、在庫日数は小さい

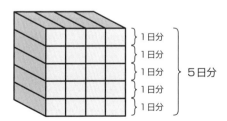

在庫量が少なくても…平均出荷量が少ないと、在庫日数は大きい

在庫で借入れができる

　在庫を持ちすぎることは、会社の資金繰りに影響を与えることになりますが、逆に、在庫を活用して借入れができるようになりました。これは、2005年から動産譲渡登記制度が始まったことによるものです。

　かつては、在庫のような動産を担保にする（＝担保として使用することを目的として譲渡の契約をする）場合、借入れをしようとする会社は、在庫そのものを金融機関に引き渡す必要がありました。なぜなら、在庫が担保となったことを金融機関が第三者に示す（＝第三者に優先して担保を処分して融資の返済にあてることができるようにしておく）ためには、金融機関は在庫をずっと持っていなければならないからです。しかし、これだと会社側では、在庫を販売したり使用するという、本来の目的で在庫を使うことができず、事業の妨げとなります。

　そこで、動産譲渡登記制度は、動産である在庫が、融資を受けようとする会社から金融機関に譲渡されたことを、法務局に登記することで、そのことを第三者に示すことができるようにし、この問題を解決しました。

　従来、商品を仕入れたり材料を購入するための融資については、金融機関は不動産を担保にするか無担保で融資をしていました。しかし、不動産がない、または信用度が低い会社でも、在庫を担保とすることで、融資を受けやすくなりました。

　また、この制度を利用した場合、日本政策金融公庫は無担保のときよりも貸付金利を低くしたり、信用保証協会では中小企業向けに2億円までの保証制度をつくるなど、公的機関でも制度利用の後押しをしています。

　とはいえ、従来どおり、在庫量は常に必要限度にとどめ、ムダな借入れも行なわないように努め続けることが大切であることは、言うまでもありません。

5 章

適正な在庫は
どのように決めたらよいか

在庫戦略や
在庫管理規
程が必要に
なります。

会社全体からみた適正な在庫量とは

望ましい在庫量の基準は会社によってさまざま

4章までは、在庫管理の方法などを中心に説明してきました。この5章では、個々の会社の戦略・方針に適切な在庫の量を、どのように決めていくかというプロセスについて説明します。まず、最初は経営戦略と在庫管理についてです。

2－9項（☞48ページ）で、「全体最適」と「部分最適」について説明しました。同じ会社のなかにあっても、品切れを避けようとする販売部門と過剰在庫を避けようとする仕入部門では目標が相反する場合があります。そのようなときは、会社全体からみて、どのような状態が望ましいかという観点から、対応方法を決めるべきというものです。

では、会社全体からみて望ましい状態とは、どのような状態をさすのでしょうか？　これは、会社によってさまざまです。そこで、小売業の例で考えてみましょう。

まず、商品価格の安さで顧客の支持を得ようとする会社は、価格を最優先に考えるので、過剰な在庫は避け、コストを最小限にしようと考えます。一方で、商品そのものだけでなく、接客やアフターサービスなど、顧客との良好な関係で支持を得ようとする会社は、品ぞろえも重視します。在庫が多くなることでコストが増加しますが、それ以上に利益を得ることによってこれをカバーします。

したがって、在庫の量はどのような状態が望ましいのかという基準は、この例のようにすべての会社に一律に同じではなく、それぞれの会社の**経営戦略**によって異なってきます。そこで、経営者は自社の経営戦略を明確にし、さらに社内に周知させなければなりません。

現実的には、各部門、各従業員とも、自身の都合で行動してしまいがちであり、それが在庫管理の効率性の妨げになることがあります。したがって、**経営者の考え方を経営戦略の立案によって明確にし、繰り返し社内に伝える**ことが重要になってきます。

◎経営戦略が明確になると全体最適になる◎

経営戦略がないと…

購買部

経費がかからない
よう、在庫は最小
限にしよう

バラバラ

販売部

顧客の要望に応え
られるよう、品ぞ
ろえは多くしよう

経営戦略があると…

経営戦略

顧客サービスを
重視しよう

購買部

お客さまが満足
する在庫を、最
小限の経費で準
備しよう

販売部

多くの商品が必
要だが、ムダが
出ないよう、注
意しながら販売
しよう

在庫戦略はどのように立てたらよいか

在庫戦略でめざすべき在庫量を示す

前項で、適切な在庫高をめざすには、経営戦略を明確に社内に周知することが大切ということを説明しました。そのためには、経営戦略にしたがい、在庫に関する方針、すなわち「**在庫戦略**」を策定することで、めざすべき在庫量を示すことができます。

次の表は、経営戦略とめざすべき在庫量の関係の例を示したものです。

流通業			製造業		
戦略	価格重視	サービス重視	戦略	受注生産	見込生産
在庫	少なめ	多め	在庫	少なめ	多め

ここで示した「多め」「少なめ」というのは、具体的な量ではありません。在庫量について、めざす方向性です。そこで、具体的な在庫量は、在庫計画によって示す必要があります（在庫計画については後述します）。

また、在庫戦略では、単にめざすべき在庫の量を示すだけではありません。他社と競合するなか、優位な地位を占めるためには、たとえば流通業の場合、**価格を維持しながらも欠品を減らす**、逆に、**サービスの質を維持しながらも価格を下げる**といった改善を続ける必要があります。

ですから、在庫維持費を増やさずに在庫量を増やしたり、逆に、欠品率が上がらないようにしつつも在庫量を減らすといった方針も在庫戦略に含まれます。

「戦略」から改善策を策定する「戦術」へ

在庫戦略が示す姿に近づくためには、さらにその具体的な方法を考えなければなりません（戦略に対して、このような具体的な活動の方法は、「戦術」と呼ばれることがあります）。

たとえば、需要動向の精緻な把握、保管方法の改善、社内外との連携

◎経営戦略と在庫戦略、在庫計画◎

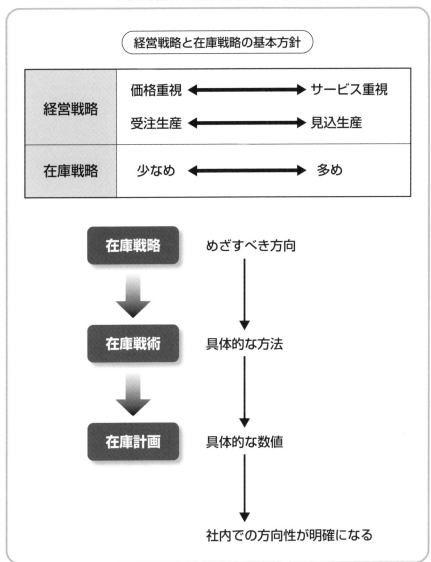

の迅速化というようなプロセスの改善策を策定します。

　このようにして、経営戦略にもとづいて在庫に関わる部門がめざすべき方向や活動を明確にしていくことができます。

在庫計画はどのように立てるか

在庫計画では金額や数量などの数値を明確に示す

「**在庫計画**」では、おもに具体的な在庫量を示します。一般的には、月ごとに1年分の在庫量を示しますが、在庫量は金額と数量の双方またはいずれかで、月末時点や月間の最大値などを示します。

【在庫計画の例】

		1月		2月		3月	
		月末	最大	月末	最大	月末	最大
商品A	金額	2,500	2,900	2,000	2,400	3,000	3,450
	個数	500	580	400	480	600	690
商品B	金額	600	660	750	825	930	930
	個数	200	220	250	275	310	310

また、在庫計画は、他の計画とも密接に関連しているため、単独では立てることはできません。たとえば、売上計画を達成するためには、それに合わせるように在庫を持つことが必要になるからです。それとは逆に、売上を上げようとしても、倉庫の容量の都合でそれに必要な在庫を持つことができず、売上計画を制約する場合もあります。

そこで、部門間で調整しながら最終的な計画を決めていきます。このようにして、計画を完成させ数値で明示することで、在庫に関連する部署、従業員たちのめざすべき方向がより具体的になります。

しかし、これは1か年なり1か月の短期的にめざすものであり、これだけを達成していけばよい、ということではありません。長期的な方向性である「在庫戦略」や、会社のめざす方向性である「経営戦略」が実現できるかどうか、それらとの離齬がないかをみながら活動をしていくことが必要です。

そこで、その対応のひとつとして、**計画と実績の乖離を毎月確認する**

◎在庫計画の必要性と意義◎

ことが大切です。これにより、改善の必要な点が明確になり、その対策
を講じていくことで着実に事業の競争力が高まっていきます。

在庫管理のルールを明確化しておこう

なぜ在庫管理のルールが必要なのか

　前項までは、在庫管理に関する方針や目標について説明してきましたが、ここでは在庫管理のルールについて説明します。

　在庫管理に関するルールは「**在庫管理規程**」または「**棚卸資産管理規程**」という名称で制定されることが多いようです。会社の規模によっては、「業務管理規程」や「経理規程」などといった、他の業務の規程のなかで定められる場合もあります。

　在庫に関するルールは、定義や手続きがそのおもな内容です。「戦略」や「計画」が、方針や目標を示すものであるのに対し、「ルール」は**言葉の意味や役割分担を明確**にすることで、従業員たちの間でのやりとりを円滑にすることが目的です。考え方が違う人たちの間でも、同一のルールを共有することで、うまく共同して仕事ができるようになります。

在庫管理のルールではどんなことを決めておくのか

　在庫管理のルールでは、具体的には次のようなことを規定します。

①「商品」「製品」「仕掛品」「原材料」などの言葉の定義
②棚卸資産の受入・管理・廃棄の方法
③棚卸資産の評価の方法
④棚卸資産の管理に関する権限

　これらは、会社ごとに独自に定めるものなので、会社の事業内容や経営戦略に沿ったものでなければなりません。

　たとえば、季節性のある商品を販売する会社が、棚卸しを1年に1回しか行なわないと、棚卸減耗をタイムリーに把握することはできません。また、需要動向に機敏に応じようとする経営戦略を打ち出している会社が、受発注業務をインターネットを使わずに、ファクシミリなどで行な

◎在庫管理のルール化の意義◎

在庫管理規程

● 言葉の定義

● 管理の方法

● 評価の方法

● 権限

ルールによって、複数の人たちが共同で仕事ができるようになる

整合性

経営戦略

在庫戦略

戦略との整合性も必要

うように規定している場合も問題があるでしょう。

　したがって、在庫管理のルールは、**経営戦略や外部環境の変化にあわせて定期的にあらためていくこと**が必要です。

「基準在庫」はどのように決めたらよいか

「2ビン法」や「安全在庫量」の考え方から導く

在庫をどのように持つのかということは、この章で説明してきたとおり、「経営戦略→在庫戦略→在庫計画」というように段階を経て具体的に行なわれてはいても、たとえば、「きょう現在の在庫はどれくらい持つべきか」というところまで計画で決めることは現実的ではありません。日々の状況はさまざまであり、すべてを前もって計画しておくことは不可能だからです。

そこで、そのときの状況に応じて、**どれくらい在庫を持つべきかという目安となる在庫量**を決めておくことが、実践的のようです。その目安を「基準在庫」といいます。基準在庫を決めることによって、同じ会社でありながら、管理する人によって在庫量にバラツキがでる、ということを防ぐことができます。

基準在庫の決め方はいくつかあります。たとえば、「2ビン法」（4－4項☞90ページ）を採用している会社では、入れ物1つ分から2つ分の間ということになります。さらに、統計的な手法で基準在庫を決める場合もあります。その代表的なものが「安全在庫量」（4－8項☞98ページ）を使ったものです。

基準在庫量（下限）
＝リードタイム日数×1日あたり平均出荷量＋安全在庫量

ここで大切なことは、在庫の担当部署・従業員は、**基準在庫に忠実であるかどうか**ということです。たとえば、仮に欠品が起きた場合、基準在庫を守っていなかったことが原因であれば、それは在庫担当者の責任です。しかし、基準在庫を守っていたにも関わらず欠品が起きたときは、それは基準在庫の決め方に問題があるのであり、在庫担当者の責任ではありません。

基準在庫量が安全在庫量を加味して決められていたとすれば、その安

◎「基準在庫」の決め方◎

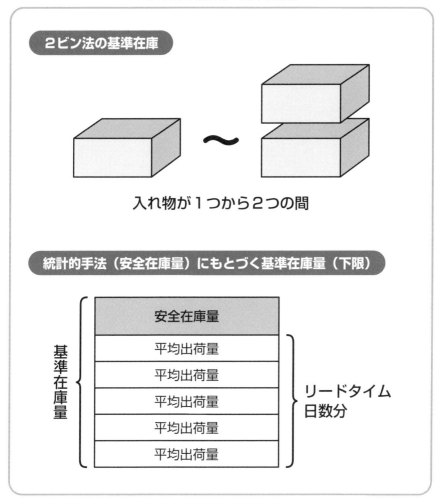

2ビン法の基準在庫

入れ物が1つから2つの間

統計的手法（安全在庫量）にもとづく基準在庫量（下限）

基準在庫量	安全在庫量
	平均出荷量
	平均出荷量
	平均出荷量
	平均出荷量
	平均出荷量

リードタイム
日数分

全在庫量の計算の根拠となるサービス率の選択によって欠品の起きる頻度は変わるものです。サービス率は、経営戦略などに沿うように決められたものであり、仮にサービス率を上げるために在庫量を多く持っていたら、在庫費用も多くなって、本来の事業の目的が達成できなくなってしまう可能性があります。

　このように、基準在庫は経営戦略との関係が強いものであり、重要な目安なのです。

在庫担当者も会社全体をみる

在庫戦略、経営戦略と照らし合わせる

　会社の在庫担当者は、その大部分が在庫を入庫したり出庫したりする仕事なのだから、在庫管理規程や基準在庫を守っていればいいのではないか、在庫計画を達成しさえすればいいのではないか、と感じている人もいるのではないでしょうか？

　2−9項「在庫管理に100点はない」（☞48ページ）でも少し触れましたが、同じ会社であっても部署によって望ましい状況が異なることがあります。たとえば、在庫計画を他の部署にあらかじめ示しているにも関わらず、あとになって計画を上回る在庫の要請が販売部門から届いたとします。このような場合、どう対処すればよいでしょうか？

　まず、その在庫量を増やすということについて、在庫戦略と照らし合わせてみます。在庫戦略が「在庫を多めに持つ」というものであれば、在庫計画の修正を検討してもよいでしょう。しかし、在庫戦略が「在庫を少なめに持つ」というものであれば、さらに上位の戦略である経営戦略と照らし合わせてみます。経営戦略に、たとえば「顧客の需要に機敏に応じる」というものがあれば、在庫を増やすことが妥当かもしれません。しかし、「低価格で顧客に貢献する」というものがあれば、在庫は増やさないことが妥当かもしれません。

　このように、在庫部門であっても、会社の1部門であり、自らの活動は会社の方針に沿うものかどうかを意識する必要があります。ですから、基準在庫や在庫計画だけでなく、会社の戦略である**経営戦略もよく理解**している必要があります。

　自らの部門の都合だけを優先する考え方を「**部分最適**」といい、これに対して、会社全体からみてどうすることが最善なのかを基本に置く考え方を「**全体最適**」といいます。業績を上げるためには、各部門がばらばらになって各部門の都合で活動するより、会社がひとまとまりになって活動することのほうがよいことは、いうまでもありません。

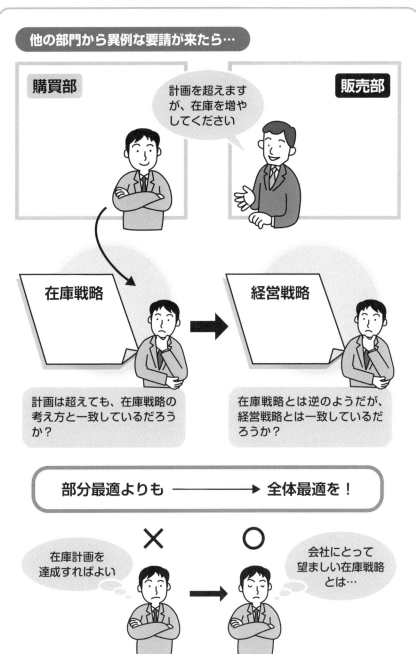

在庫を「マネジメント」しよう

「マネジメント」するという意味を理解する

　前項までは、在庫管理の方針や基準について説明してきました。在庫に関する日常の仕事は、ある方針や基準に沿って行なうことが多いでしょう。このような観点から、在庫管理の方針・基準はとても大切なものです。

　しかし、在庫部門の活動が自部門の方針や基準に依存しすぎてしまうと、他の部門との連携がうまく図れずに、ぎくしゃくしてしまうことも懸念されます。

　その対策のひとつとして、上位の方針や戦略と照らし合わせて、整合性を検討することについては、前項で説明しました。

　そして、さらに一歩踏み出す対応策として、「マネジメント」することをおすすめします。この、「マネジメント」という言葉は少し抽象的なのでわかりにくい面がありますが、これを理解し実践できると、**在庫の効率性や、事業全体の効率性を高める**ことになります。

在庫の状況を把握しながら、改善の「意思決定」を行なう

　基準や方針どおりに仕事をすることと、マネジメントすることの違いは**「意思決定」をするかどうか**です。

　たとえば、基準に従って仕事をするということは、あらかじめ経営者層または管理者層の意思によって決められた基準に従うということで、在庫に関して直接、仕事を行なう人の意思が入る余地はありません。

　これに対して、マネジメントするということは、在庫管理が計画どおりに進むよう**常に状況を把握しながら、さまざまな改善を行なう**ことです。

　改善を行なうということは、自らが創意工夫をすることなので、在庫部門で意思決定が行なわれます（しかし、在庫部門が過度に大きな意思決定を行なうことも問題があるため、「在庫管理規程」などで、在庫部

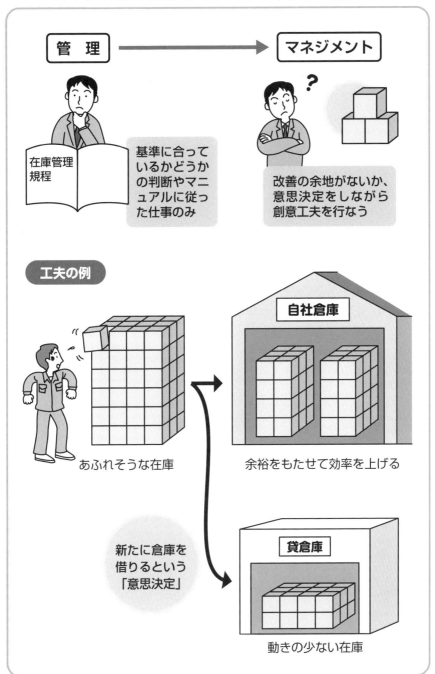

管理 ⟶ マネジメント

在庫管理規程

基準に合っているかどうかの判断やマニュアルに従った仕事のみ

改善の余地がないか、意思決定をしながら創意工夫を行なう

工夫の例

あふれそうな在庫

自社倉庫

余裕をもたせて効率を上げる

新たに倉庫を借りるという「意思決定」

貸倉庫

動きの少ない在庫

119

門に与える権限を定めていることが多いようです）。

マネジメントが会社に貢献した事例

マネジメントについて、もう少し具体的な例を示してみましょう。

ある会社では、いつも倉庫がいっぱいになりがちで、在庫担当者は保管場所の確保に苦心していました。しかし、在庫量は計画どおりであったため、販売部門からの要請にはそのとおりに応じていました。そこで、在庫部門のリーダーは、改善策を考えてみることにしました。

まず着目したことは、**動きの多い在庫と少ない在庫**です。動きの少ない在庫は、近隣の貸倉庫の一部を借り、そこへ移しました。その結果、自社倉庫には余裕ができ、入庫・出庫の作業効率が上がり、臨時の在庫の増加にも柔軟に対応できるようになりました。

また、動きの少ない在庫は、出庫の依頼があったときは貸倉庫へ取りに行く必要がありましたが、その一方で、その約半分は長期間にわたり移動がなく、そのまま廃棄対象となり、そこから廃棄物処理業者へ持ち込むようになり、廃棄作業も効率化が図れました。

このようにして、貸倉庫の賃借料という費用の増加はあったものの、作業効率が上昇したため、在庫部門全体の経費は予算内に収まりました。さらには、臨時の在庫増加にも対応できるようになったため、売上・利益の増加に貢献することになりました。

もし、在庫部門が基準に従うだけであれば、このような前進はみられないでしょう。「貸倉庫を新たに借りる」という意思決定をともなう改善策を実施したことは、会社にとっても貢献したことになります。

経営環境が厳しくなる時代にあっては、直接、顧客に接しない在庫部門であっても、このようにマネジメントによって改善を行なうことは、競争を優位に進めるためにはとても重要なことです。

6章

在庫を減らすには
どうしたらいい？

在庫削減には
さまざまな改
善策がありま
す。

在庫削減の基本は「5S」活動

「5S」とは何か

在庫は豊富であるほうが顧客の要望に応じられる半面、コストがかかります。しかし、5－2項「在庫戦略はどのように立てたらよいか」（☞108ページ）でも少し触れましたが、顧客へのサービスを維持しながら在庫量を減らすための絶え間ない工夫は大切であり、在庫管理の醍醐味でもあります。そこで、この章では在庫量の削減方法について説明していきます。

まず、在庫削減の基本は「5S」活動です。5Sとは、「整理」「整頓」「清掃」「清潔」「躾」の5つの頭文字のSをとって名付けられました。下表のような活動を継続して行ない、在庫部門をはじめとした作業環境の改善を行ないます。

整 理	不要なものを捨てること
整 頓	在庫や道具などを決められた場所に置き、すぐに取り出せる状態にしておくこと
清 掃	掃除を行ない、つねに職場をきれいに保つこと
清 潔	整理・整頓・清掃を維持すること
躾	ルール・手順を守る習慣をつけること

5S活動にはいろいろな効果がある

5S活動は、日本の製造業ではじまった活動です。その効果が大きいことから、いまでは製造業以外の業種に取り入れられたり、海外の会社にも広まっています。

5S活動は、**作業環境を最適のものとする**ことがその第一の目的です。特に、「モノ」を扱う在庫部門にとっては、5S活動を実施する意義は大きいといえます。

在庫が整然と保管されていれば、ムダな在庫は見えやすくなり、在庫

◎「5S」の「S」とは何か◎

整理（せいり）
要らないものを
捨てる

整頓（せいとん）
決められた場所に
置く

清掃（せいそう）
掃除をして
きれいにする

清潔（せいけつ）
チェックリスト
整理・整頓・清掃を維持する

躾（しつけ）
ルール
●先に仕入れた材
料から使う。
●入庫と同時に台
帳に記入する。
ルールを守る

量はより最適なものとなっていきます。そして、倉庫がつねにきれいな状態であれば、入庫・出庫の作業がはかどりますし、在庫品の品質も維持しやすくなるなど、**効率性の改善**も得られます。

　しかも、5S活動は作業環境の改善という物理的な効果にとどまりません。5S活動によって、**自らの改善活動の成果を実感できる**ことから、「改善」の意義を実体験から理解できるようになります。これが端緒となり、**会社の業績を向上させようとする意識が醸成される**という、副次的な効果もあります。

「赤札作戦」の効果的な実施方法

在庫管理に関わっていない人ほど不要品を明確にできる

前項の５S活動で、整理とは要らないものを捨てる活動と説明しましたが、それを強力に進める方法として、「赤札作戦」があります。

ところで、「要らないもの」とは何か、ということについて考えてみてください。たとえば、ネジ１つにしても、「将来何かに使えるのでは？」と感じたりしないでしょうか？　しかし、ビジネスの世界ではもう少しシビアにみなければなりません。すなわち、将来使うかもしれない在庫に対して、**保管しておいて得られるメリット**と、それを保管しておく**コストを比べて判断**しなければなりません。

実は、ビジネスの世界では、「将来使うかもしれない」という理由だけで在庫を保管しておくと、相当の在庫を抱えなければならなくなるということがわかっています。

ですから、たとえば「１か月以内に使う予定がなければ不要」（例示した「１か月」という期間は、業種や事業によって適切なものに変える必要があります）というような**明確な基準をつくり、それを厳格に適用**しないと、なかなか「要らないもの」は出てきません。そこで考案された方法が「赤札作戦」です。

赤札作戦とは、赤地の紙に「不要品」などといった文言を書き、倉庫などで前述の基準に照らして不要と判断された在庫品に貼っていきながら、「要らないもの」を明確にしていく**手法**です。

できれば、赤札を貼る人は、在庫管理に関わっていない人が望ましいようです。現場の人は、どうしても「もしかしたら将来、必要になるかもしれない」という気持ちがあるからです。このような判断は、「迷ったら貼る」というような思い切りがないとうまくいかないようです。

「要らないものは捨てる」という活動は、表面的には誰でも理解できますが、心理的な要因でなかなかうまくいかないことがあります。そのようなときのためにも、赤札作戦を実施することをおすすめします。

◎「赤札作戦」の意義とすすめ方◎

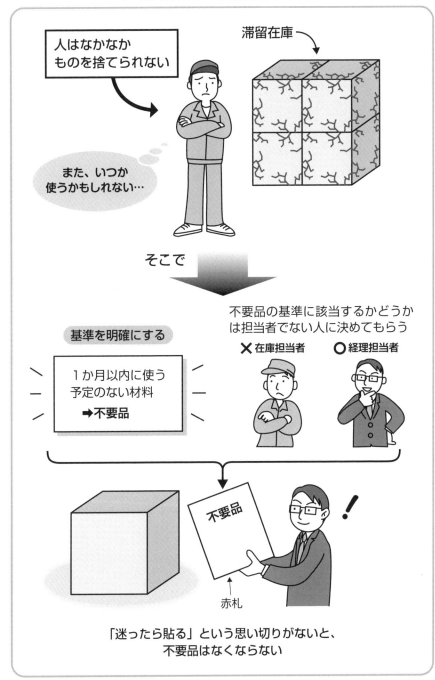

人はなかなか
ものを捨てられない

滞留在庫

また、いつか
使うかもしれない…

そこで

不要品の基準に該当するかどうか
は担当者でない人に決めてもらう

基準を明確にする

1か月以内に使う
予定のない材料
➡不要品

✕ 在庫担当者　　○ 経理担当者

不要品

赤札

「迷ったら貼る」という思い切りがないと、
不要品はなくならない

125

6-3 「整頓」の方法

「ロケーション管理」による在庫の効率化

「ロケーション管理」には2つの方法がある

5S活動の「整頓」に関して、より具体的な方法として「ロケーション管理」があります。

ロケーション管理は、**在庫の保管場所を管理することによって保管方法を効率化しよう**とするもので、直接的に在庫を減らすものではありませんが、総合的には在庫に関する費用を減らすことになるものです。

ロケーション管理には、大きく2つの方法があります。ひとつは、「フリーロケーション」で、もうひとつは「固定ロケーション」です。

	フリーロケーション	固定ロケーション
保管場所	在庫ごとに場所を決めず、入庫時に空いているところに保管していく	在庫ごとに置き場所が決まっている
保管の効率性	空きスペースが少なく、保管場所を有効に使える	空きスペースが起きやすく、柔軟性も少ない
出庫の効率性	置き場所を探したり、複数に分かれていたりするため、管理負担が大きい	出庫時に場所を特定しやすい

保管方法は、かつては固定ロケーションが一般的でした。フリーロケーションを行なうと、何がどこにあるのかを管理する負担が大きいからです。しかし、近年は情報技術が発達し、在庫管理システムを使って多くの会社がフリーロケーションを実施するようになりました。

さらには、保管場所を2つの区画に分けて、動きの多い在庫用の区画はフリーロケーションに、動きの少ない在庫用の区画は固定ロケーションとして使うなどといった、さらに効率性を追求する管理方法も行なわれています。

◎「ロケーション管理」のしくみ◎

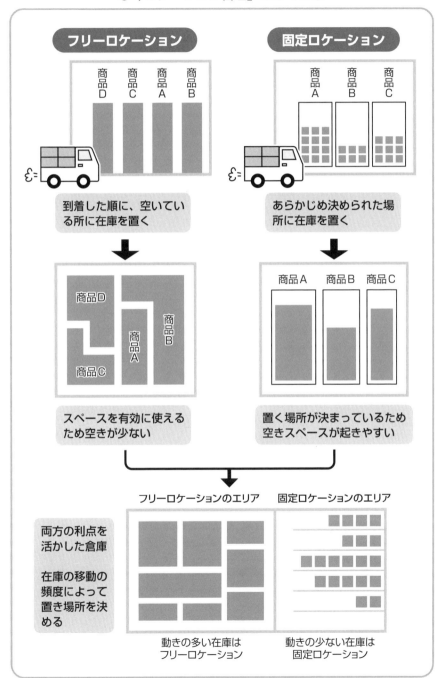

フリーロケーション

商品D　商品C　商品A　商品B

到着した順に、空いている所に在庫を置く

商品D　商品C　商品A　商品B

スペースを有効に使えるため空きが少ない

固定ロケーション

商品A　商品B　商品C

あらかじめ決められた場所に在庫を置く

商品A　商品B　商品C

置く場所が決まっているため空きスペースが起きやすい

両方の利点を活かした倉庫

在庫の移動の頻度によって置き場所を決める

フリーロケーションのエリア　　固定ロケーションのエリア

動きの多い在庫はフリーロケーション　　動きの少ない在庫は固定ロケーション

「受注生産」で在庫を減らす

受注生産なら売れ残りはほとんど発生しない

　この項からは、事業のやり方（ビジネスモデル）で在庫を減らす方法を説明します。そのひとつめは「受注生産」です。

　「生産」という言葉が入っているとおり、この方法は製造業に限定されます。流通業でも、「受注販売」という似た方法があります。しくみとしては似ていますが、製造業のほうが製造段階から通して在庫を減らすことができるので、在庫を減らす効果は大きいといえます。

　受注生産とは、注文を受けてから生産を行なうことをいいます。その対義語である「見込生産」とは、あらかじめ販売が見込まれる量の製品を生産することをいいます。両者のそれぞれの特徴をまとめてみると、下表のようになります。

	受注生産	見込生産
製品の製造のタイミング	注文を受けてから生産する	注文を受ける前に生産する
在庫の量	製造しはじめてから完成する期間は「仕掛品」として在庫となるが、完成後ただちに売れるため、在庫は最低限となる	製造期間中は「仕掛品」として在庫となり、完成後も注文がくるまで引き続き在庫となる
売れ残り	ほとんど起きない	売れ残ることがあり、その分は損失となる
受注から納品までの期間	製造期間を経て顧客に納品する	在庫があればただちに納品できる。

　受注生産は、在庫を最低限にできる半面、注文後、納品まで時間がかかることが弱点で、販売機会を失うかもしれないというデメリットがあります。

◎受注生産のメリット◎

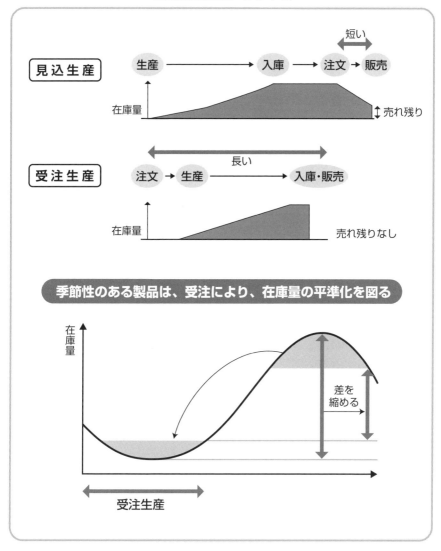

そこで、季節性のある製品など、前もって需要があることがわかっている製品を製造している場合は、価格を下げるなどの有利な条件を提示して、事前に多くの注文を受けることで、需要の膨れる前に計画的な生産をすることができます。さらに、受注生産は需要の頂点と底の差を縮めることができ、より効率的な生産ができるようになる利点もあります。

129

部品を共通化して在庫を減らす

部品を共通化すれば種類も在庫数も抑えられる

近年は嗜好の多様化に合わせて、ひとつの会社でも、またひとつの事業においても、さまざまな製品を製造するようになっています。製品の種類が増えれば、それを製造するための部品や材料の数も増え、在庫量も増えることにつながります。

そこで、ひとつの部品を複数の製品で使えるように設計することで、会社全体の持つべき部品の種類を抑えることができます。

その例として、掃除機を製造している工場の製品の製造計画数と、それに必要なモーターの在庫数を表にしてみます。

①部品を共通化していない工場の在庫

製　品	製造数	部　品	在庫数
掃除機A（一般家庭向け）	100	モーターa	116
掃除機B（1人暮らし向け）	60	モーターb	70
掃除機C（事業所向け）	40	モーターc	48
掃除機計	200	モーター計	234

②部品を共通化した工場の在庫

製　品	製造数	部　品	在庫数
掃除機A'（一般家庭向け）	100		
掃除機B'（1人暮らし向け）	60	モーターX	220
掃除機C'（事業所向け）	40		
掃除機計	200	モーター計	220

製品の製造数よりも部品の在庫数が多いのは、安全在庫量を含めるからです。そして、製造数が同じでも、部品を共通化したときの部品の在

◎掃除機の部品を共通化すると…◎

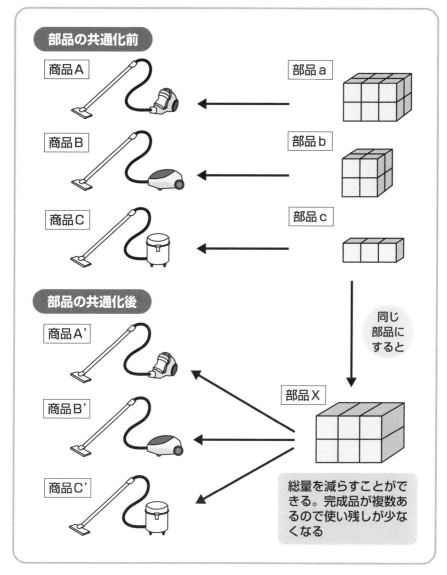

部品の共通化前

商品A　　　　　　　　　　　部品a

商品B　　　　　　　　　　　部品b

商品C　　　　　　　　　　　部品c

部品の共通化後

商品A'

商品B'　　　　　　　　　　　部品X

商品C'

同じ
部品に
すると

総量を減らすことができる。完成品が複数あるので使い残しが少なくなる

庫数が少ないのは、部品数が少ないと使用量のバラツキが相対的に小さくなるからです。

　このように、市場の需要に応えて製品の種類を増やす場合であっても、部品を共通化すれば在庫量を抑える対応が可能です。

「受注加工組立」によって在庫を減らす

見込生産と受注生産を組み合わせた方法

6-4項で受注生産について説明しましたが、受注生産と見込生産の中間的な方法として、「**受注加工組立**」という方法があります。

これは、類似の製品をいくつか製造している工場で、それらの製品について共通する工程までは見込生産を行なっておきます。そして、実際に製品の注文を受けてから、その注文に従い、途中まで組み立ててある仕掛品の加工または組立てを行ない、完成品にしてから出荷する、という方法です。

この方法は、受注生産と比較すると仕掛品の在庫量が多くなりますが、見込生産と比較すると製品の在庫が少なくなる、という利点があります。また、見込生産と比較して、安全在庫量を少なくしたり、売れ残りを減らすことができるという利点もあります。

	受注生産	受注加工組立	見込生産
在庫量	少ない	やや少ない	多い
売れ残り	ほとんどない	少ない	多い
出荷までの期間	長い	やや長い	短い

この受注加工組立を行なうには、複数の製品に対して、設計上、**製造工程がなるべく同じになるような配慮**をすることが求められます。

また、受注から出荷までの期間は見込生産より長くなるという短所があります。これについては、価格を下げるなどの条件面である程度はカバーできますが、あまりにも長すぎると受注機会を失うことになります。

そこで、受注から出荷まで長過ぎないような体制を整えることが必要です。具体的には、イントラネットなどを利用して、受注してから製造の指示までの時間を短くする、部品数を少なくして製品を完成しやすくする、という工夫を行ないます。また、比較的入手しやすい標準品を部品に多く利用することも、受注加工組立には有効です。

◎受注加工組立を受注生産・見込生産と比較すると…◎

受注加工組立とは

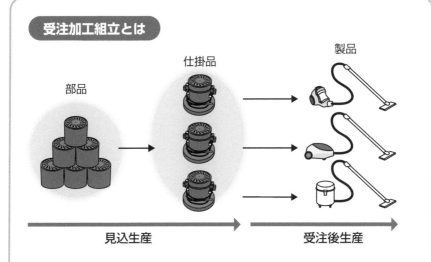

部品

仕掛品

製品

見込生産 → 受注後生産

在庫量は

	部　品	仕掛品	製　品	
受注生産	○	×	×	→ 少
受注加工組立	○	○	×	→ やや少
見込生産	○	○	○	→ 多

受注から納品までの期間

	出荷までの過程	受注→出荷
受注生産	受注 → 工程Ⅰ → 工程Ⅱ → 出荷	長い
受注加工組立	工程Ⅰ → 受注 → 工程Ⅱ → 出荷	やや長い
見込生産	工程Ⅰ → 工程Ⅱ → 受注 → 出荷	短い

「多品種少量生産」で在庫を減らす

生産体制の切替え、段取りがうまくいくならメリットがある

　ひとつの工場やラインで、入れ替わりに別の製品を製造している場合、1期間を短くして製造する量を少なくすると、在庫の量を減らすことができます。

　単純な例を示しましょう。

　ある工場では、製品A・B・Cを1か月間隔で切替えしながら製造しています。そのため、たとえば、製品Aは1か月間の製造期間で3か月分の受注を見込んで製造します。同様に、製品B・Cも1か月間で3か月分の受注を見込んで製造するので、A・B・C合わせて6か月分の在庫を持つことになります。

　これを、数値で示すと、下表のようになります。製品A・B・Cともほぼ同じ大きさで、かつ、いずれも1か月分の販売数は300個とします。3月以降は、月末在庫が1,800個となり、各製品の6か月分の在庫をもつことになります。

			1月	2月	3月	4月	5月	6月
製造	製品A	（a）	900			900		
	製品B	（b）		900			900	
	製品C	（c）			900			900
	製造計	（d＝a＋b＋c）	900	900	900	900	900	900
販売	製品A	（e）		300	300	300	300	300
	製品B	（f）			300	300	300	300
	製品C	（g）				300	300	300
	販売計	（h＝e＋f＋g）	0	300	600	900	900	900
	月末在庫	（i＝前月のi＋d−h）	900	1,500	1,800	1,800	1,800	1,800

　この状態から、切替えを10日ごとに行なうことにします。そうすると、

◎多品種少量生産を実施した場合の在庫の推移◎

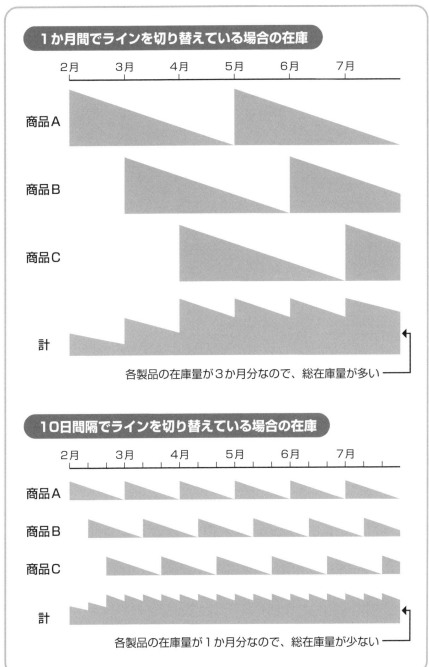

1か月間でラインを切り替えている場合の在庫

2月　3月　4月　5月　6月　7月

商品A

商品B

商品C

計

各製品の在庫量が3か月分なので、総在庫量が多い

10日間隔でラインを切り替えている場合の在庫

2月　3月　4月　5月　6月　7月

商品A

商品B

商品C

計

各製品の在庫量が1か月分なので、総在庫量が少ない

135

各製品とも10日間で30日分（≒1か月分）を製造することになるので、月末はA・B・C合わせて90日分（≒3か月分）の在庫ですむことになります。

　下表では、月末在庫はA・B・C合わせて900個であり、各製品の3か月分の在庫で足りることになります。

			1月	2月	3月	4月	5月	6月
製造	製品A	（a）	300	300	300	300	300	300
	製品B	（b）	300	300	300	300	300	300
	製品C	（c）	300	300	300	300	300	300
	製造計	（d＝a＋b＋c）	900	900	900	900	900	900
販売	製品A	（e）		300	300	300	300	300
	製品B	（f）		300	300	300	300	300
	製品C	（g）		300	300	300	300	300
	販売計	（h＝e＋f＋g）	0	900	900	900	900	900
	月末在庫	（i＝前月のi＋d－h）	900	900	900	900	900	900

　多品種少量生産は、在庫量を減らすことができるというだけでなく、**需要動向に柔軟に対応できる**という利点があります。しかし、その一方で、生産体制の切替えの頻度が多くなるため、その手間が増えることになります。

　生産体制の切替え、段取りの手間が、在庫を減らすことにより減少する費用に収まるようであれば、多品種少量生産はメリットがあるといえるでしょう。

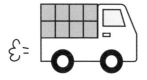

知っとコラム モーダルシフトへの取組み

「モーダルシフト」(modal shift) とは、「方法」(mode) を「移す」(shift) という意味で、運送業界では貨物の輸送手段を換えることを指しています。最近は特に、自動車や航空機から、鉄道や船舶への転換のことを指すようになっています。

近年は、在庫の効率化を図るために、商品や製品を多頻度小口配送する会社が増えてきました。国土交通省の調査によると、1965年の国内輸送量は、船舶が810億トンキロ、鉄道が570億トンキロ、自動車が480億トンキロでしたが、2009年のそれは、船舶が1,670億トンキロ、鉄道が210億トンキロ、自動車が3,350億トンキロと、自動車が大幅に増えていることがわかります（「トンキロ」とは、輸送した貨物の重量（トン）にそれぞれの貨物の輸送距離（キロ）を乗じたものです）。

自動車の利用が増えるにつれて、トラックなどの排出する二酸化炭素による、環境への負荷の増大が懸念されるようになってきました。そこで、船舶や鉄道など、環境負荷の少ない輸送方法が注目されるようになり、政府も国土交通省を中心に、モーダルシフトを後押しするようになりました。ちなみに、二酸化炭素の排出量は、トラック輸送に比較して、鉄道輸送は8分の1、船舶輸送は4分の1といわれています。

しかし、企業側からみれば、モーダルシフトの実施には多くの課題があります。それは、距離によっては鉄道や船舶はコストが高い、駅や港湾で積み替えする負担や時間がかかる、駅のインフラが不十分であったり、船舶や岸壁等が老朽化しているなどです。

とはいえ、企業も社会のなかの一市民であると考えれば、自社の効率化だけを優先することは、避けるべき時代になってきています。モーダルシフトをはじめとした環境負荷低減への取組みは、その企業が消費者からも評価される時代に移りつつあり、ひいては企業の業績に反映されていくでしょう。

「デカップリング・ポイント」を知っておく

「デカップリング・ポイント」とは何か

　この章では、見込生産や受注生産、両者の中間である受注加工組立について説明してきました。ここでは、これらと関連の深い考え方である、「デカップリング・ポイント」について説明します。

　デカップリング・ポイントとは、見込（計画）にもとづく活動と受注にもとづく活動の切り替わる場所を指します。受注のタイミングとほぼ同じですが、デカップリング・ポイントは「**在庫をどのタイミングまで持つか**」という観点で見たものです。

見込生産	材料 → 仕掛品 → 製品 → ▲ → 販売
受注加工組立	材料 → 仕掛品 → ▲ → 製品 → 販売
受注生産	材料 → ▲ → 仕掛品 → 製品 → 販売

（▲＝デカップリング・ポイント）

　すでに説明したように、「見込生産→受注加工組立→受注生産」の順に、デカップリング・ポイントは工程の上流のほうに向かいます。デカップリング・ポイントが上流にいくほど、在庫量を少なくすることができます。そこで、在庫の効率性を考えれば、「**デカップリング・ポイントをなるべく上流にすればよい**」ということになります。

　上の表は、単純化したものですが、現実には工程はもっと細かく区切ることができます。たとえば、ケーキの場合は次のような製造工程を経ます。

材料→生地づくり→成型→焼き上げ→デコレーション→包装

　ケーキの製造販売をしている小規模な会社であれば、ケーキの焼き上げまでをしておき、店頭で注文を受けた後にデコレーションと包装をして販売することができます。大規模で、ケーキ製造を専門に行なってい

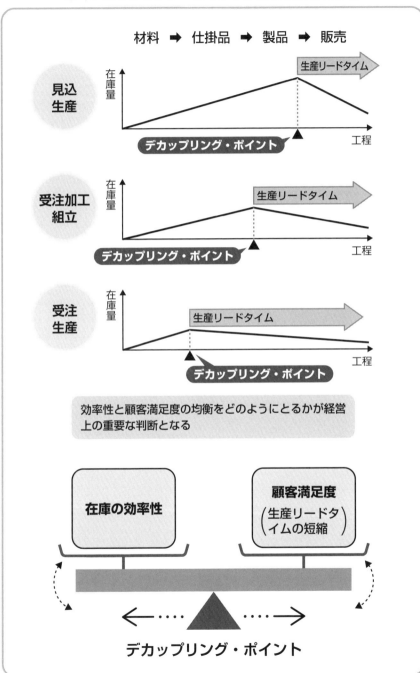

材料 ➡ 仕掛品 ➡ 製品 ➡ 販売

見込生産
在庫量／工程
生産リードタイム
デカップリング・ポイント

受注加工組立
在庫量／工程
生産リードタイム
デカップリング・ポイント

受注生産
在庫量／工程
生産リードタイム
デカップリング・ポイント

効率性と顧客満足度の均衡をどのようにとるかが経営上の重要な判断となる

在庫の効率性

顧客満足度
（生産リードタイムの短縮）

デカップリング・ポイント

139

手づくりの工夫をしてみよう

在庫管理の効率化にＩＴの活用は欠かせませんが、手づくりの工夫でも効率化を図ることができます。いくつかご紹介しましょう。

まず、発注点と発注量の表示です。たとえば、部品Ａは残り２箱になったら10箱を発注するということが、社内で定められているとします。このとき、部品Ａの置き場所の壁に、２箱分の高さに赤い線を引き、また12個分の高さに青い線を引いておきます。こうすることで、部品Ａの残りが赤い線までになったら、青い線の高さになるまで発注するということが視覚的にわかるようになります。

つぎに、容器の統一です。大きさがほぼ同じ部品や仕掛品は、社内で統一した容器に入れて保管したり運搬するようにします。たとえば、仕切りをつけて部品が20個入るようにした箱を用意しておきます。これを使って部品や仕掛品を保管しておけば、部品を50個使用するときは３箱を出庫し、そのうちのひとつの箱から10個を取り出して倉庫に残しておくという行動がただちに思い浮かび、作業効率が向上します。実地棚卸を行なうときも在庫量が確認しやすくなり、作業がはかどります（収納数を統一して容器に保管する考え方を、「ＳＮＰ」（Standard Number of Package）といいます）。

ＩＴ化に頼らない効率化は負担も少なくただちに実施できるでしょう。

る会社であれば、注文を受けた後、焼き上げからデコレーションまでをその日のうちに行なって、翌朝に発送することもできます。

当然、デカップリング・ポイントを上流に移そうとするのは簡単なことではなく、その後の工程を迅速に行なうノウハウや物流の工夫も必要です。しかし、他社との競争を優位に進めるためには、在庫の効率性を絶えず追求しなければなりません。

そこで、デカップリング・ポイントをどこに置くかということは、経営者レベルでのとても重要な判断が必要になります。

7章

経営の観点からみた
在庫管理の考え方

ここでは、業種別にみていくことにします。

在庫の多さが魅力になることも

豊富な在庫は魅力的なお店と認識される

　3章で、基本的な「在庫管理」について説明しました。しかし、現在の事業は年々複雑化しており、単に基本的な在庫管理を行なうだけでは、他社との競争に勝つことはできなくなりつつあります。そこで、この章では、経営的な観点から特徴的な在庫管理について考えてみたいと思います。

　まずは、「在庫をあえてたくさん持つ」ことです。これは、比較的商品が長期間にわたり販売できる雑貨などの小売業に適しています。

　それでは、なぜ在庫を多く持つことが魅力的になるのでしょうか？ 基本的な在庫管理では、売れ残る在庫は持つべきではない、という考え方をしてきました。しかし、この在庫を多く持つ方法には、次のような長所があります。

①顧客にとって欲しい商品が売られている可能性が高いと認識される

②欲しいものは漠然としているが、来店すればそれに該当するものがあるという期待をもってもらえる

③ただちに欲しいものがあるわけではないが、新しい機能やデザインの商品を見つけられるという期待をもってもらえる

④上記のような動機で来店し、たくさんある商品のなかから欲しいと思うものを店内で探すことを楽しんでもらえる

　この在庫に対する考え方は、豊富な在庫を持つことにより、顧客からみた利便性や漠然とした欲求を満たそうとするものです。1つひとつの商品の魅力ではなく、**在庫の豊富さがお店の魅力**になっており、ドン・キホーテ、ダイソー、ハンズ（旧東急ハンズ）といった小売業で実践されています。しかし、このような方法をとったとしても、在庫が多いこ

とは売れ残るなどといったリスクが大きいことに変わりはありません。多品目であっても、在庫は魅力的な商品に絞ることと、売れ残りそうな商品がある場合は、早めに対処をとることが必要です。

在庫の少なさが魅力になることも

価格の安さを極限まで追求する

前項とは逆に、在庫を少なくすることで顧客を引きつけている会社もあります。このような事業は、6章で説明した、受注生産や受注加工組立の方法を取り入れています。

これらの生産方式は、受注後ただちに顧客に製品を届けられないという短所がありますが、次のような利点を強調することで顧客の支持を得ています。

①価格による訴求

見込生産の会社よりも価格を大幅に低くする。

②多様性への対応

受注時に、色・オプションなどの顧客の要望を多く取り入れ、顧客の要望に細かく応じる。

この方法の代表的な例のひとつは、**コンピュータメーカーの直接販売**で、そのなかでもデル株式会社が有名です。受注から納品まで時間がかかるという短所を、価格の安さで補い、シェアを伸ばしています。

この方法の特徴は、受注販売による在庫の最少化に加え、店舗を持たずにインターネットで受注する、物流を合理化するといった方法を組み合わせることで、価格の安さを極限まで追求していることです。このビジネス手法は、「**デル・モデル**」として有名になりました。

この手法は、「いますぐに製品が欲しい」という注文には応じることができないため、その製品のシェアの獲得には限界があります。しかし、価格志向の強い消費者にとって、価格の安さは、製品をすぐに入手できないことの不便さに優先するものであり、そのような人たちから同社は強い支持を得ています。

このことは、在庫の最少化によって価格を極限まで引き下げようとする手法そのものが支持されているともいえます。「在庫は少ないほうがよい」という考え方が、従来は効率性の向上のための手段に過ぎなかっ

◎受注生産だとお客さんの要望に応えられる◎

たのに対し、いまでは事業そのものの評価の対象になるほど重要になっていることが特徴的です。

全国に在庫を持って販売機会を確保

在庫を共有化して受注の確実性を高める

これまで述べてきたとおり、在庫は持てば持つほど、顧客の需要要望に応じやすい一方、在庫量には限界があるため、商品の販売機会を逃すことを完全になくすことはできません。しかし、**在庫を同業者で相互に供給しあうことでその機会を減らすことができます**。

この方法で成功しているのは、**中古自動車販売会社**です。特に、ガリバー・インターナショナルの例は有名です。

自動車は、車種・色・状態・価格など、購入しようとする側の条件は細かく、新車ならその要望に合わせてメーカーに発注すればよいのですが、中古車の場合は、新車のように発注するわけにはいきません。たまたま条件どおりの在庫があれば購入してもらえるのですが、そうでなければ、入手できるまで待ってもらうか、条件に合う自動車を持っている他社で購入されてしまいます。

そこでガリバー社では、直営店とＦＣ店の在庫をデータベースにしておき、店舗の専用端末や自宅のパソコンで、インターネットを通して検索できるようにしています。このしくみの利点は次のとおりです。

①ひとつの店舗で、複数の店舗の在庫を提示できるため、比較的、顧客の要望に応じやすい
②ひとつの店舗の在庫を、他の店舗に来店した顧客にも提示できるため、売れ残るリスクを減少できる
③1店舗あたりの在庫量を少なくできたり、売れ残りが少ないことから、その結果、在庫費用も少なくなる

在庫を共有化することは、複数の店舗で利益を分け合うことにもなるという短所はあるものの、受注の確実性を高めることでそれを補うことができます。また、全国の在庫を検索できるしくみそのものが、希望す

ガリバー

製造後5年以内、色はイエロー、スポーツタイプで150万円以内の車を…

こちらには該当するものはありませんが、隣の市の店にご希望のものがありました。

買う側のメリット

日本中から探せるから細かい希望を出しても該当する自動車が見つかりやすい

販売店のメリット

細かい条件があっても応じられる。自店の在庫を他店で紹介してもらえる

欲しい車が見つけやすいからまた行ってみよう

自分の店の自動車を他の店でも売ってもらえるので、値くずれや売れ残りの心配が少なくなった

る自動車を見つけやすいという評価の対象となり、会社の競争力を高めることになります。

ロングテール戦略で在庫の特徴を出す

通販店だからこそできる在庫戦略

　3-7項（☞66ページ）で説明した「ＡＢＣ分析」では、Ａランクの在庫を重点管理し、Ｃランクの在庫は削減方向で検討するべきと説明しました。しかし、それを逆手にとり、**Ｃランクの在庫をあえて販売しようとする戦略が「ロングテール戦略」**です。

　この戦略で有名なのが、書籍のインターネットでの販売を行なっているアマゾンです。アマゾンは、無店舗で販売を行ない、本の在庫も地代の安価な場所で保管するため、一般書店よりも少ない費用で在庫を持つことができます。そこで、Ｃランクに分類される在庫を保有することも比較的容易です。

　Ｃランクの商品はなかなか売れないものの、まったく売れないというわけではありません。インターネットを通して全国から注文を集めれば、相当な金額になります。このように、一般書店では在庫にしづらい販売数の少ない在庫をあえて持つことによって、確実に売上を得ようとするのがロングテール戦略の狙いです。

　ロングテールは、ＡＢＣ分析でＣランクに分類される在庫が、それぞれの在庫数は少ないものの、種類はＡランクやＢランクよりも多く、グラフにすると横に長く伸びていることから、ロングテール（長い尻尾）と呼ばれるようになったようです。

　アマゾンに限らず、その他の通信販売店でも、多くの種類の商品を在庫として持ちやすいため、一般の販売店と比較して、Ｃランクに位置する商品の販売額の割合が高いようです。消費者側も、販売数が少ないために一般店では入手しにくいものでも、通信販売であれば入手しやすいということがわかっているため、通信販売を利用しようとします。

　商品を実際に手にとって見ることができないことは、通信販売の弱点ですが、入手しにくい在庫を揃えることが一般店との差別化を図ることになります。

◎「ABC分析」のCランクに着目する◎

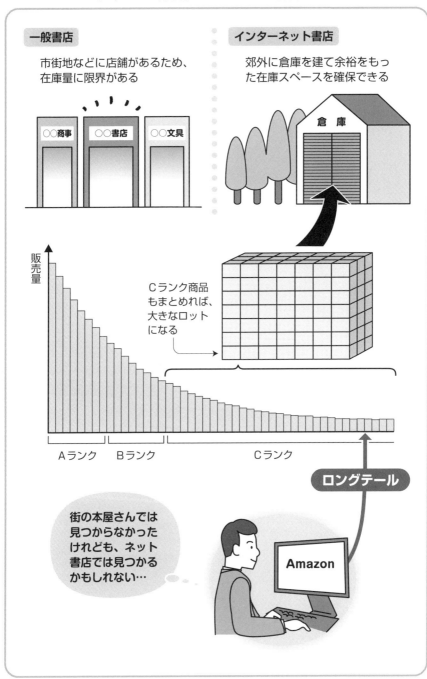

一般書店

市街地などに店舗があるため、在庫量に限界がある

インターネット書店

郊外に倉庫を建て余裕をもった在庫スペースを確保できる

倉 庫

販売量

Cランク商品もまとめれば、大きなロットになる

Aランク　Bランク　Cランク

ロングテール

Amazon

街の本屋さんでは見つからなかったけれども、ネット書店では見つかるかもしれない…

在庫を販売先に置いてもらう

販売機会を逃さず、波及効果もある

在庫は、ほとんどのものは自社の目の届くところに置くものです。でも、顧客のところに在庫を置く方法もあります。

これは、日本で昔から行なわれてきた「富山の置き薬」と同じ方法です。大手菓子メーカーである江崎グリコでは、東京と大阪のオフィス街数万か所に菓子箱を置き、お菓子を販売しています。

お菓子は、箱に入っている間はメーカーの所有物（在庫）です。でも、オフィスで働いている人がお菓子を欲しいときは、100円を箱の上にある硬貨投入口に入れることで、そのなかのお菓子をひとつ取ることができます。**菓子メーカーの小さな倉庫がオフィスに備えてある**イメージで、顧客がお菓子を欲しくなった時点で、倉庫から出して販売できるというものです。

この販売方法について、一般店と比較してみましょう。

	一 般 店	置き菓子
販売額	多い	少ない
在庫補充の手間	小さい	大きい
在庫場所	自ら用意する	顧客の職場に置く
顧客との距離	職場から離れた場所にある	常に目の届く場所にある

この方法は、ひとつの菓子箱での売上が少額であることや、週に1回は代金の回収と在庫の補充にまわらなければならないという短所があります。その一方で、在庫スペースは自ら負担せず、顧客に用意してもらえること、商品と顧客の接点が近いので販売機会を逃しにくいこと、商品そのものが客先にあることで認知度が広がり、オフィス以外でも自社商品を購入してもらえるようになる、といった利点があります。

このように、置き菓子は、在庫の保管の負担をなくすというだけでは

◎お客さんのところに在庫があると考える◎

庶務二課

100円玉を入れて

お菓子を取り出す

菓子箱

クッキー

メリット

商品を顧客のオフィスに置くので、店舗や倉庫は要らない

オフィスのなかにいるままで、お菓子を買ってもらえる

目につく場所にあるので、商品を覚えてもらいやすい

なく、顧客のそばにあることで販売の機会損失を減らしたり、プロモーション活動も兼ねることができる方法です。

会社の在庫管理の手間を軽減する

事務用品等の買い置きの管理は意外に大変

　前項までは、在庫に関する工夫について説明してきました。在庫管理は、会社にとって大切なことであるからこそ、決して楽なことではありません。しかし、もう少し本来の業務に人やお金などの経営資源を集中できたら…と思うこともあるでしょう。このような思いを逆手にとらえ、それに応える事業を専門に行なっている会社があります。

　その代表例が、事務用品などの通信販売をしているアスクル株式会社です。アスクルでは、インターネットで注文を受け付け、翌日にはその注文品を顧客に届ける便利さで、業績を急拡大してきました。

　一般的な会社では、事務用品はある程度の買い置きをしているでしょう。そのため、総務担当の人がその買い置きの管理を行なうことになります。しかし、社内で事務用品が必要になったつど、総務担当者がアスクルにインターネットを通して注文し、翌日に注文品が届けられれば、社内での事務用品の取り置きはほぼ不要になるでしょう。しかも、**取り置き品を保管する場所が不要**であるうえ、1社での取り置きよりも**豊富な種類のなかから事務用品を選べる**、必要なつど調達するので**ムダが少ない**という利点もあります。

　このビジネスモデルは、他の分野にも応用されています。同社は、病院向けに医療機器を、飲食店向けに食器や調理器具を同じ方法で販売しています。いずれも、注文品が翌日に入手できる便利さが支持されています。同社のサービスにより、自社に器具・ユニフォームや、食器・洗剤などの買い置きを保管しなくてすむ、それらを管理する業務が要らない、というメリットがある点は、文具と同様です。

　このように、多くの会社の在庫管理の手間を請け負うことで、規模のメリットが得られ、販売先もそれを享受することができます。また、発注する側も、社内の経営資源をより本来の業務に集中できるということも大きな利点となります。

◎会社の取り置き在庫は不要に◎

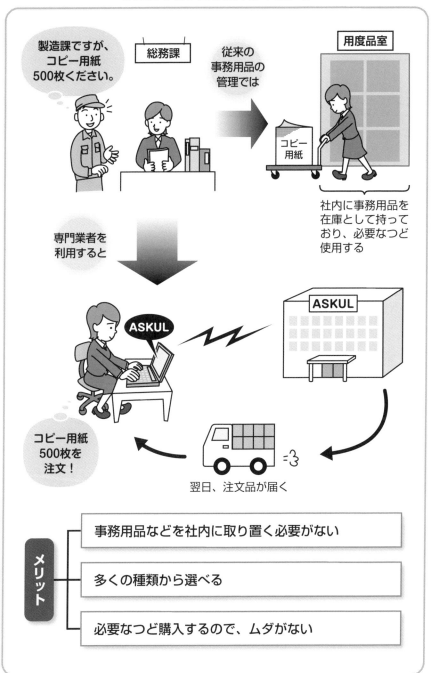

メリット	事務用品などを社内に取り置く必要がない
	多くの種類から選べる
	必要なつど購入するので、ムダがない

「BCP」が注目されている

　「BCP」とは、「事業継続計画」（Business continuity planning）の
ことです。1999年に、英国規格協会が情報セキュリティマネジメント
システムを定め、その後、事業全体へ対象を広げたものがその始まりで
す。具体的には、自然災害や大規模な事故に企業が遭遇したときに、早
期に事業を再開するための方法や手段をあらかじめ定めておくものです。

　BCPは、日本でもかねてから普及の働きかけが続けられてきました
が、2011年の東日本大震災の後、一段と注目を浴びました。それは、
震災の物理的な被害は東日本であったにも関わらず、サプライチェーン
（製品が、原材料・部品の調達、生産、流通、販売を経て、消費者に届
けられるまでの一連の流れ）が、日本全体に影響を与えたからです。簡
単にいえば、地震の直接の被害がなかった西日本の工場であっても、地
震の影響で事業が止まってしまった東北地方の企業から部品の供給を受
けていた工場は、部品の供給が受けられず、操業できなくなってしまっ
たというような例です。

　とはいえ、現代では震災のために在庫を余分に持つことよりも、震災
が起きたときに、その復旧を最短で行なうことができるような体制をと
るべきと考えられています。そこで、BCPが注目されることになった
というわけです。

　2011年版の「中小企業白書」では、「今回の津波および地震によっ
て被害を受けた企業のなかには、緊急事態に備えてBCPを策定してい
たことにより早期復旧を果たした企業も存在しており、平時からBCP
の策定を行ない、緊急時の被害を最小限にとどめるための事業活動の方
法・手段等を取り決めておくこと、企業間で積極的に連携することの重
要性が改めて認識された」と述べられています。

　各企業が、保有する在庫を最小限とする活動とともに、いざというと
きのための対策もあわせて行なうことの重要性が増してきているといえ
るでしょう。

8章

新しい在庫管理の考え方とすすめ方

生産と物流の効率化に向けてさまざまな取組みが行なわれています。

「QR」と「ECR」で在庫を減らす

「QR」の取組みはなぜ起きてきたか

この章では、在庫に関する実践的かつ新しい取組みについて説明します。まず、最初は「QR」(Quick Response)です。

QRは「素早い対応」という意味で、小売店での商品の売行きをメーカー側に迅速に伝え、生産活動や物流を効率化させることで、**生産から販売までの一連の流れを通してムダな在庫を減らす**ことが大きな目的のひとつです。

このQRの取組みは、1980年代の米国のアパレル業界で起こりました。当時、輸入品の攻勢に押されていた米国のアパレル業界では、繊維が最終製品である衣料品として完成し、店頭に並ぶまで66週間かかり、その間、売れ残りが約4分の1発生していることが調査でわかりました。そこで、「紡績→織布→染色→縫製」といった工程を通しての効率化を図るため、QRの取組みが行なわれました。

QRの具体的な活動とは、商品コードを統一し、アパレルメーカーから、繊維業者、縫製業者までをコンピュータ・ネットワークでつなぎ、最下流の商品の売行きの動向を素早く上流に伝えることです。このことにより、各工場でより正確な需要予測や、在庫期間の短縮が可能になりました。

QRから「ECR」に発展

このQRの取組みは、その後、他の業界にも広がりました。これらのうち、食品・雑貨業界の取組みは、「ECR」(Efficient Consumer Response＝効率的消費者対応)と呼ばれています。

ECRの特徴は、小売店のPOS情報を、**ネットワークを通じて卸売業者、製造業者と共有し、効率化を図る**ことです。特に、食品は日持ちしにくい製品であることから、ECRによる需要予測の精度向上により、大きな効果が得られています。

◎「QR」と「ECR」のしくみ◎

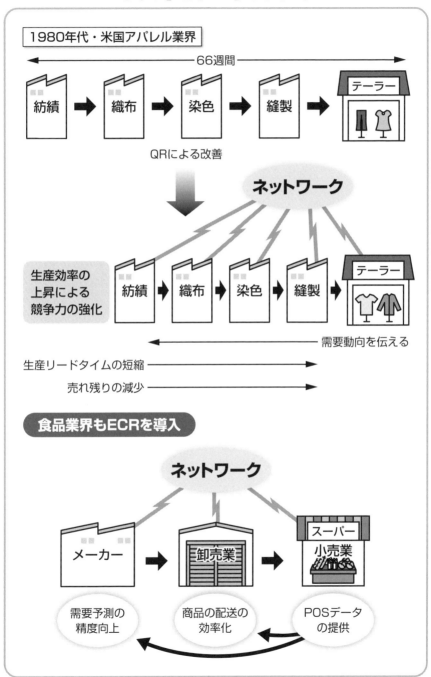

1980年代・米国アパレル業界

66週間

紡績 → 織布 → 染色 → 縫製 → テーラー

QRによる改善

ネットワーク

生産効率の
上昇による
競争力の強化

紡績 → 織布 → 染色 → 縫製 → テーラー

需要動向を伝える

生産リードタイムの短縮 ─────────

売れ残りの減少 ─────────

食品業界もECRを導入

ネットワーク

メーカー → 卸売業 → スーパー 小売業

需要予測の
精度向上

商品の配送の
効率化

POSデータ
の提供

157

「JIT」による生産方式

使い残しの在庫も発生しない

　新しい方式ではありませんが、日本（トヨタ自動車）で生まれた生産方式に「JIT」（ジャスト・イン・タイム＝カンバン方式）があります。ジャスト・イン・タイムとは、「**必要なものを、必要なときに、必要な数量だけ**」調達・生産するという考え方です。その結果、在庫をほぼゼロにすることができます。

　具体的には、「何を、いつ、どれだけ必要か」ということが書かれた伝票（これを「カンバン」と呼びます）を、生産工程の下流から上流へ渡していきます。カンバンを受け取った上流の工程では、カンバンに書かれた分の数量の部品を製造したり、材料の調達を行ないます。したがって、ただちに使用されない部品や材料は、社内には存在しないことになります。

　このことは、在庫が常に最少の状態であるということであり、また、使い残しの在庫が発生しないということです。そのため、一般的にはムダが起きやすい、多品種少量生産を行なうときに、大きな効果が得られます。また、必要なものしかつくらないということは、使い残しが起きないということでだけでなく、受注から納品するまでの時間（生産リード・タイム）を短縮することにもつながります。

　この生産方式は、海外でも注目を浴び、1980年代に米国で「**リーン生産方式**」として紹介されました。リーン（lean）とは、「贅肉がなく痩せている」という意味で、リーン生産方式はムダのない生産方式ということを表わしています。

　ただし、JITは、不要な在庫を持つ必要がなく、ムダも発生しないという利点がある一方で、外注先や部品の調達先に対して、必要なときに必要なものを供給してもらえる、しくみを整えておく必要があります。また、ひとつでも部品を供給できない会社があると、自社の製造がすべて停止してしまうという弱みがあります。

従来の生産ライン

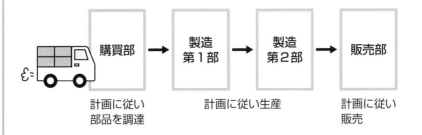

| 購買部 | 製造第1部 | 製造第2部 | 販売部 |

計画に従い部品を調達　　　計画に従い生産　　　計画に従い販売

見込（計画）生産のムダ

- 各工程で在庫を抱え、管理する必要がある
- 見込みと実際の需要が異なるので、売れ残りが起きる

JIT（カンバン方式）の生産ライン

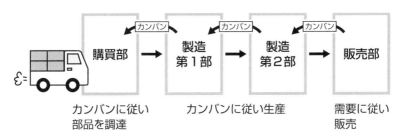

カンバンに従い部品を調達　　カンバンに従い生産　　需要に従い販売

JITのメリット

- 必要な製品しか製造しないため、在庫がほぼゼロ。売れ残りがない。多品種の生産に対応可

JITのデメリット

- 部品の調達先、外注先からただちに納品してもらえる体制づくりが必要
- 部品調達や工程の一部に滞りがあると、生産全体が止まってしまう

「ロジスティクス」と「3PL」とは

在庫量も最適となるように調整される

「ロジスティクス」（Logistics）とは、「兵站（へいたん）」と訳され、本来は軍事用語です。すなわち、戦争の前線に対して、物資や兵員の移動、施設の維持・構築などといった、**後方支援を行なうこと**を指しています。

現在では、これをビジネスにあてはめ、製品の製造の段階から販売に至るまで、最適かつ効率的な活動ができるようにするための支援のことをいいます。

具体的には、製品の部品の段階から販売に至るまでのプロセスの計画の立案、材料・部品などの供給、製品などの配送・保全などといった活動を指しています。

ロジスティクスの活動のなかで、部品や製品の運送は重要な位置を占めています。しかし、単に運送会社が委託を受けて行なう運送と異なるところは、製品が製造段階から消費者の手元に届くまで一連の流れが最適となるように調整されながら活動が行なわれていることです。

たとえば従来は、工場では、材料や部品の調達、製造過程での在庫の管理、受注にもとづく製品の配送などが、それぞれ個別の活動として行なわれてきました。ロジスティクスでは、それぞれの部門の情報を収集して、一連の流れが最適な状態を維持できるように調整を図りながら、部品・材料の調達や、製品の運送が行なわれます。

そのため、ロジスティクスによって、在庫量も最適な状態となるよう調整されていきます。

さらに近年は、このロジスティクス活動をメーカーなどから請け負って専門に行なう会社が現われてきました。このような事業者は「3PL」（サード・パーティ・ロジスティクス）と呼ばれています。

3PLは、ロジスティクスの肝となるマネジメント機能に関し、高い専門性をもって請け負っています。自社が独力でロジスティクスを構築するよりも、3PLへ外注するほうが効率性は高いでしょう。

従来の生産の流れ

受発注や材料・部品の調達は各企業が個別に行なう

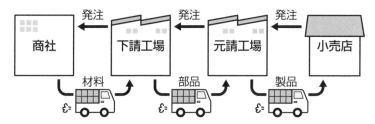

ロジスティクスを利用した生産の流れ

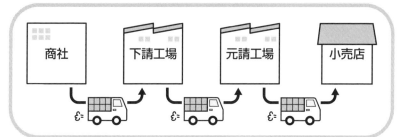

 情報提供　　　 計画・調整　　　 生産の指示・
製品の運送の手配

リーダー企業

● 生産の流れ、全体を見て、最適な生産ができるよう、計画立案・
企業間の調整を行なう
● 材料や部品の安定的な供給、運送の効率化を行なう

 ロジスティクス活動を
外注することも可能

3PL（サード・パーティ・ロジスティクス）
● 高い専門性をもって、ロジスティクス活動を請け負う会社

「SCM」で在庫などを管理する

SCMの2つのメリットとITの活用

　「SCM」（サプライ・チェーン・マネジメント）は、8−1項（☞156ページ）で説明したQRやECRをさらに発展させた概念です。サプライ・チェーンとは、「**供給連鎖**」と訳され、「製造→卸→小売」の一連のつながりを指します。このつながりを最適化するための管理活動が、SCMです。

　5−6項（☞116ページ）で、「**全体最適**」と「**部分最適**」について説明しました。SCMでは、サプライ・チェーンに関わるすべての会社が、個々に最適な状態を追求（部分最適）する状態から、サプライ・チェーンをひとつの組織としてとらえ、その組織の目的を達成するために個々の会社が最適な活動（全体最適）を行なおうとするものです。

　具体的には、SCMでは、**在庫・受発注・資金・情報の4つの観点から管理**を行ないます。これらの4つを総合的に勘案し、最適な活動を導き出します。

　たとえば、サプライ・チェーンに属するメーカーが製品をたくさん製造し卸売業者に販売すれば、メーカーの利益が増えます。しかし、卸売業者の在庫が過剰になると、在庫費用が増加したり売れ残りが起きやすくなります。SCMでは、このようなサプライ・チェーンのなかでムダが起きないよう、あらかじめ生産量について調整が行なわれます。

　もうひとつのSCMのメリットは、**サプライ・チェーンに属する会社同士が対等な関係になる**ということです。

　たとえば、メーカーが卸売会社に押し込み販売を強要したり、小売店が卸売会社にリベートを要求したりといった例は決して少なくありません。このような、いびつな力関係がサプライ・チェーンの構成員の間にあると、SCMは奏功しません。悪影響を与える商慣行を廃止して、対等な関係で最適化をめざすことが、競争力を高めることになります。

　また、**情報技術（IT）はSCMの重要な要素**です。サプライ・チェ

◎「SCM」のしくみ◎

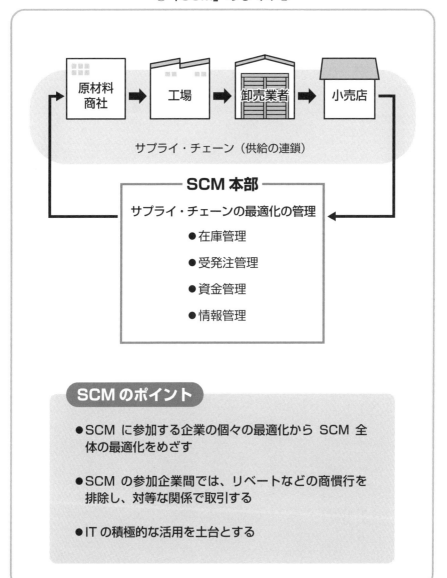

原材料商社 → 工場 → 卸売業者 → 小売店

サプライ・チェーン（供給の連鎖）

SCM 本部

サプライ・チェーンの最適化の管理

- 在庫管理
- 受発注管理
- 資金管理
- 情報管理

SCM のポイント

- SCM に参加する企業の個々の最適化から SCM 全体の最適化をめざす

- SCM の参加企業間では、リベートなどの商慣行を排除し、対等な関係で取引する

- IT の積極的な活用を土台とする

ーンの最適化は複雑な計算のもとに行なわれるため、ＩＴの進展なしにＳＣＭは実現できなかったでしょう。サプライ・チェーンの構成員になるには、各社のＩＴの習熟度が十分であることも求められます。

DXを活用した工場のスマート化

コストを低減し、生産性を向上させる

　ＳＣＭは、製品や商品の供給の一連の流れを最適化する手法ですが、さらにこれを強化する手法が「**工場のスマート化**」です。スマート化とは、デジタルトランスフォーメーション（**ＤＸ**）を駆使し、効率的な生産や供給を行なうことです。この工場のスマート化についての代表例に、熊本市のシタテル株式会社があげられます。

　同社は、衣服生産プラットフォームサービスである「sitateru」（シタテル）を運営する事業者です。sitateruには、「1,000を超える国内の中小縫製工場等をデータベース上で把握し、都市部のデザイナーや小売店等、衣服をつくりたい事業者とマッチングすることで、少量・短納期での生産を実現」（2018年版「中小企業白書」261ページ）しています。

　具体的には、「最低ロットは50枚」（同）であり、「生産のリードタイムも通常、半年から１年かかるところを１〜２か月まで短縮することが可能」（同）になりました。このことによって、「中間業者を介す必要がなくなり、低コストを実現」（同）しています。さらに、「『スマート工場プロジェクト』として、縫製工場内に設置したセンサーによって、ミシンや裁断機等の稼働状況をデータ化するなど、連携する縫製工場のＩoＴ化を進め」（同）、生産性を向上させています。

　この「スマート工場」の実現は、情報技術の進展が後押しをしていますが、単に生産効率の向上だけでなく、ＩoＴによって暗黙知となっている製造技術を形式知に変え、技術継承を行ないやすくしたり、人手不足への対応をしたりするという課題も解決することにつながっています。

　このような、需要が多様化している時代にあって、小ロットへの需要に対しても、大量生産と同様のコストで応じることができる体制である工場のスマート化は、第４次産業革命に則ったものといえますが、これによって、在庫は自ずと最適化されていきます。

　工場のスマート化は、直接的に在庫の効率化を目的としていませんが、

◎縫製工場のスマート化のしくみ◎

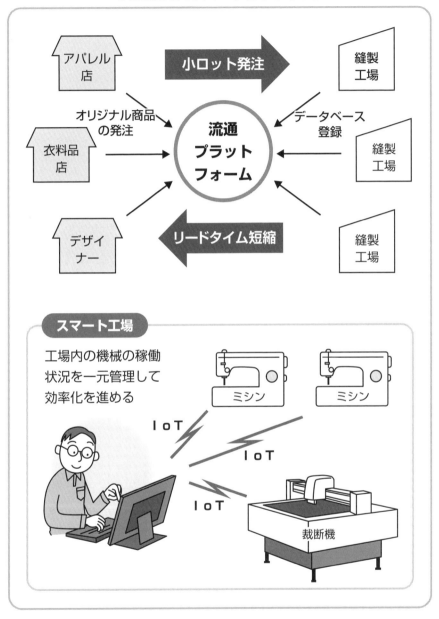

むしろ現在は、**生産体制の効率化のなかで在庫の最適化を図っていく時**
代といえるでしょう。

「TOC」にもとづく生産体制の最適化

TOC（制約理論）の考え方とは

これまで、在庫の効率化、最適化の手法について紹介してきましたが、効率化、最適化はどのように実現するのでしょうか。その改善方法に関する重要な考え方に「TOC」（Theory of Constraints ＝ **制約理論**）があります。

あるケーキ製造会社を例に説明しましょう。その工場では、「生地づくり→焼き上げ→デコレーション」の3つの工程でケーキを製造しているとします。

【現状の生産量】

工　程	作業員数	1日の生産量	5％増加させた生産量
生地づくり	10人	600個分	630個分
焼き上げ	10人	540個	567個
デコレーション	15人	480個	504個

生産性を上げようとする場合、かつてはそれぞれの工程で生産量を増やそうとする活動が主でした。たとえば、各工程で生産量を5％増やせば、全体の生産量も5％増えるという考え方です。

しかし、TOCでは、最適な生産体制は**ボトルネックとなっている工程の能力に全体を合わせる**という考え方をします。

ボトルネックとは、「瓶の首」のことで、サイズの大きい瓶であっても、中の液体の流出量は狭い首に制約を受けます。この現象を製品の製造工程にあてはめると、すべての生産工程からみて最も生産量の少ない工程が完成品の生産量を制約するため、その工程がボトルネックの状態になっているといえます。なお、完成品の販売を通して得られたお金のことを「**スループット**」といいます（☞169ページ）。

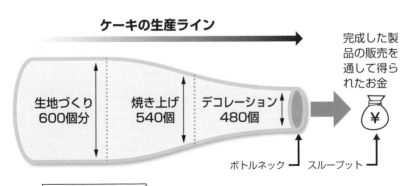

ケーキの生産ライン

生地づくり
600個分

焼き上げ
540個

デコレーション
480個

完成した製品の販売を通して得られたお金

¥

ボトルネック ── スループット

TOC（制約理論）

・スループットはボトルネックによって制約される

TOCにもとづく最適化①

生地づくり
480個分

焼き上げ
480個

デコレーション
480個

他の工程も、ボトルネックに合わせた生産量のみを
生産し、ムダをなくす

TOCにもとづく最適化②

生地づくり
540個分

焼き上げ
540個

デコレーション
540個

広げる！

ボトルネックを広げ、全体の生産量を拡大する

ボトルネックに合わせて生産体制を最適化する

　ＴＯＣの考え方にもとづくと、ボトルネックに合わせた生産量は次のとおりとなります。

【ボトルネックに合わせた生産量】

工　程	作業員数	最適化した後の生産量
生地づくり	8人	480個分
焼き上げ	9人	480個
デコレーション	15人	480個

　最適化した後の生産量は、ボトルネックとなっているデコレーションの工程に合わせ480個のままです。

　しかし、デコレーションの工程より前の工程で余分な在庫（仕掛品）を生産してしまったり、デコレーションの工程での生産が進むまで、それに合わせて前の工程が休止してムダな時間が発生することを防ぐことができます。これは、在庫管理の観点からみても、過剰な在庫が発生しにくく、全体の流れもスムーズになるため、**在庫の滞留も減少する**という効果があります。

　これで生産体制は最適化されたものの、生地づくりや焼き上げの工程の生産能力が十分に活かされていない点は、もったいないように感じます。

作業員の配置を変えて生産量を増やす

　デコレーションの工程がなぜ480個の生産能力にとどまっているのかを調査したところ、手作業が多く、作業員にある程度の習熟度が必要であることがわかりました。

　そこで、生地づくりや焼き上げに配置されていた作業員のうち2人を訓練させ、デコレーションの工程に移ってもらい、3か月後にデコレーションの生産能力を540個に上げることができました。

　また、生地づくりや焼き上げの工程は、作業内容が比較的簡単である

知っとコラム 「スループット」とは

　「スループット」とは、制約理論の考え方にもとづく管理活動の効果を測る指標です。

　　スループット（Ｔ）＝売上高－真の変動費（原材料費）

　スループットの計算で特徴的な点は、時間的な概念が入っていることです。これについて、順を追って説明しましょう。

　まず、製品が完成（≒販売）しなければ、スループットは大きくなりません。「製品が完成しなければ」を言い換えると、「未完成の仕掛品を多く抱えていては」ということです。工程ごとに生産能力を高め、各工程の仕掛品在庫を増加させても（部分最適を追求しても）、スループットは増加しません。全工程を通して製品が完成して、初めてスループットは大きくなります。

　制約理論の考え方は、１か年や１か月といった一定期間の生産量をどうやって増加させるかということ（全体最適）に主眼が置かれており、それを測るための指標として、スループットが考え出されました。

ことから、新たな採用により作業員を補充しました。その結果、生産体制は最適の状態で、生産量も増やすことができました。

【配置変更後の生産量】

工　程	作業員数	作業員の配置転換後の生産量
生地づくり	9人	540個分
焼き上げ	10人	540個
デコレーション	17人	540個

　ＳＣＭなどでも、このようなＴＯＣの考え方にもとづいて、生産体制の最適化、生産量の増加を行なっていきます。

キャッシュコンバージョンサイクルとは

必要な運転資金を日数の観点から把握する

在庫管理は、事業活動そのものの効率化が主たる目的ですが、近年は、財務活動に貢献する目的でも行なわれるようになってきました。その管理のために使う指標が、「キャッシュコンバージョンサイクル」（Cash Conversion Cycle：ＣＣＣ）であり、日本語では「現金循環日数」などと訳されます。このＣＣＣは、次の計算式で計算します。

> ＣＣＣ ＝ 在庫回転日数 ＋ 売上債権回転日数 － 仕入債務回転日数

なお、在庫回転日数等は、次のように求めます。
- 在庫回転日数＝在庫額÷売上原価（年）×365
- 売上債権回転日数＝売上債権額÷売上（年）×365
- 仕入債務回転日数＝仕入債務額÷売上（年）×365

たとえば、ある会社の在庫回転日数が45日、売上債権回転日数が30日、仕入債務回転日数が60日の場合、ＣＣＣは次のようになります。

ＣＣＣ＝在庫回転日数45日＋売上債権回転日数30日

－仕入債務回転日数60日＝15日

そして、このＣＣＣは、会社が商品などを仕入れ、自社の在庫とし、さらに販売してから代金を回収して現金にするまでの日数を示しています。ちなみに、ＣＣＣに似た指標に、「正常運転資金」（＝在庫＋売上債権－仕入債務）というものがありますが、これはその会社に必要な運転資金を示しており、その運転資金が売上の何日分になるかを示すものがＣＣＣです。

最近、このＣＣＣが注目されるようになってきた理由は、事業に必要な運転資金を金額で把握するよりも、日数という時間の観点から把握するほうが、事業改善に臨むにあたり実践的であると考えられるようになってきたからです。

ＣＣＣは、少ないほうが会社にとってメリットがあり、そのための活

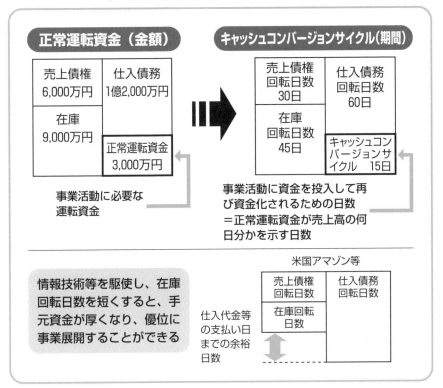

◎ＣＣＣをもとにしたバランスシート◎

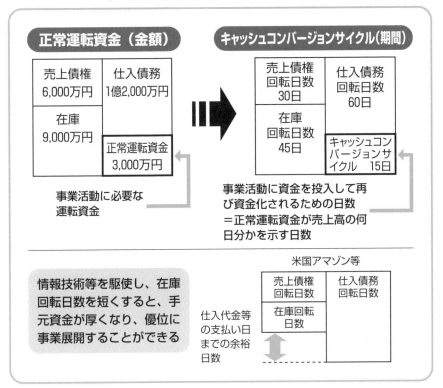

動は、情報技術などを駆使して、在庫額を最小限にしたり、受注から出荷までを短縮して売上債権を少なくしたりするという働きかけが主なものとなります。特に、2020年10月22日の日本経済新聞の報道によれば、2020年4‐6月期の米Amazon（▲26日）や、米Apple（▲26日）などではＣＣＣがマイナスになっているなど、米国の業績が好調な会社ではＣＣＣが短いか、マイナスとなっている傾向にあります。

このようなＣＣＣがマイナスの会社は、商品などの仕入代金の未払額のほうが、在庫額と売上代金の未回収額の合計額よりも多い状態であり、手元資金に余裕が得られているということになりますが、このことによって、ライバルより有利に事業展開を進めることが可能になります。

したがって、自社の事業改善においても、ＣＣＣを計算して、改善のための指標として活用することは有用であるといえるでしょう。

フードロスへの対応

消費者の環境意識が高まっている

　近年は、消費者の環境意識の高まりから、「食品ロス」（フードロス）への対応が広がっています。食品を製造したり販売したりする側としては、食品ロスは避けられない面もあると受け止めている場合もあります。

　たとえば、節分を前に販売される恵方巻は、販売する小売店では、収益機会を逃さないようにするため、見込み販売数よりやや多めに発注し仕入れますが、売れ残ると日持ちしないことから、それらを廃棄することになります。

　しかし、そうした食品の廃棄に対する社会的な批判が年々高まり、最近は、予約販売数だけを販売する店も増加し、徐々に売れ残りは発生しなくなりつつあります。

　こうした対応はパンの販売にも広がり、2018年12月にスタートした、売れ残りパンを販売する通信販売プラットフォームの「rebake」では、年を追って販売量を拡大し、2022年末までに700トンのパンを販売し、廃棄されるパンの削減に貢献しています。

　このほか、コインロッカーを製造しているアルファロッカーシステムは、ロッカー型自動販売機を開発し、それを鉄道の駅などに設置して、ベーカリーで売れ残ったパンを値引き販売することで、廃棄パンを削減する取組みも行なわれています。

　さらに、広島市のパン店「ブーランジェリー・ドリアン」は、店主が売れ残りのパンを廃棄することに疑問を感じたことから、2012年に店をいったん休業した後、2013年から「捨てないパン屋」をコンセプトに営業を再開しました。新しい店では、2週間日持ちするパンを開発し、パンの種類を4つに絞って販売したところ、すべてを売り切ったうえに、かつてと同じ売上を維持することができたそうです。

　同店のような取組みは、パン業界全体としてはまだ少数ですが、徐々に広がりつつあり、消費者の食品ロスを発生させないことへの関心の高

◎環境意識の高まりと消費者行動◎

売れ残りを出して、食品を廃棄する店では買わないようにしよう

売上を増やすために、販売見込より多めに仕入れておこう

消費者

恵方巻

小売店

利益より消費者の意識に対応した在庫量が望まれつつある

まりを示しています。

　従来は、事業活動の目的は利益を最大化することであり、在庫量も機会損失を発生させない数量とすることが適切と考えられてきました。しかし近年は、**消費者が自分の購買行動を通して自分の理想とする社会を実現したい**と考えるようになってきました。

　そこで、食品ロスを発生させない取組みをしている会社の製品を積極的に購入したり、逆に、食品ロスの発生を防ぐ取組みに不十分な会社の製品の購入を躊躇したりするようになってきています。

　したがって、在庫量の検討をするときは、単に、直接的な利益の実現だけでなく、消費者の環境意識の高まりに対応したものかどうかを勘案することも重要な要素になっています。

ＡＩによる需要予測

　在庫管理の目的の１つは、ムダな在庫をなくすことであり、それをめざすために需要予測にもとづいて在庫計画（５−３項参照）を立てます。したがって、需要予測の正確性が高ければ、ムダな在庫を極力減らすことができます。ただし、これまでは正確な需要予測を行なうには、比較的多くの労力や費用が必要となっていたため、中小企業の多くは、過去のデータにもとづいて将来を予測するという程度のことしか行なわれませんでした。

　ところが、三重県伊勢市の伊勢神宮の参道、おはらい町通りにある飲食店の有限会社ゑびや（従業員45名、資本金500万円）では、ＡＩ（人工知能）を活用し、高精度の需要予測を実現して、業績を著しく改善しています。具体的には、「150種類ものデータと来客数の関係性についてデータ分析を重ね、天候や近隣の宿泊者数との関係など、来客数と関連性の深い項目に絞って分析」した結果、「『どの時間帯に、何人のお客様が来店するか』、『お客様が注文するメニューは何か』といった項目について、90％以上の精度で事前予測ができる」ようになり、これによって「事前の仕入れや仕込みの効率化につながり、食品ロスの大幅な改善にもつながった」（2019年版「中小企業白書」295ページ）そうです。ちなみに、同社は、これらの取組みにより、「従業員数を増やさずに、（中略）従来と比べ売上高を４倍に増加させることができたほか、週休二日制や長期休暇の導入、従業員の給与アップも実現した」（同）そうです。

　近年は、ＡＩを事業活動に活用する会社が増えてきていますが、ゑびやのような比較的小規模な会社でも、ＡＩの導入が容易になってきており、その活用によって業績に大きなインパクトを与えることができる時代になっています。したがって、在庫管理を始めとした経営課題への取組みにあたっては、会社の規模の大小に限らず、情報技術を駆使できる能力をもつことは避けられない時代であるともいえるでしょう。

六角明雄（ろっかく　あきお）

栃木県出身。岩手大学卒業（経営学、組織論、会計学専攻）。中小企業診断士、ITコーディネータ。地方銀行勤務等を経て、東京都中央区に中小企業診断士六角明雄事務所開設。現在に至る。資金調達支援、事業計画立案支援、幹部育成などの分野で、主に首都圏の会社の支援に携わる。

著書に、『図解でわかる在庫管理 いちばん最初に読む本』『図解でわかる経営の基本 いちばん最初に読む本』『図解でわかる小さな会社の経営戦略 いちばん最初に読む本』『図解でわかるリースの実務 いちばん最初に読む本』『図解でわかる小さな会社の経営に活かす会計 いちばん最初に読む本』『図解でわかる棚卸資産の実務 いちばん最初に読む本』（以上、アニモ出版）などがある。

中小企業診断士六角明雄事務所

〒104-0061　東京都中央区銀座7-13-5 NREG銀座ビル1階
電話　　　050-5539-8814
URL　　　https://yuushi-zaimu.net/
e-mail　　rokkaku@yuushi-zaimu.net

図解でわかる　在庫管理の基本としくみ

2024年7月15日　　初版発行

著　者　六角明雄
発行者　吉溪慎太郎
発行所　株式会社アニモ出版
　　　　〒162-0832 東京都新宿区岩戸町12 レベッカビル
　　　　TEL 03(5206)8505　FAX 03(6265)0130
　　　　http://www.animo-pub.co.jp/

図解でわかる すぐに役立つ
生産管理の基本としくみ

田島 悟 著　定価 1650円

生産管理の基本から最新のトレンドや手法まで網羅し、生産性を高め、コストを低減するための知識も図解で凝縮した本。予備知識ゼロの新入社員でも、やさしく理解できる決定版！

図解でわかる物流とロジスティクス いちばん最初に読む本

湯浅 和夫・内田 明美子・芝田 稔子 著　定価 1980円

物流新時代に知っておきたい基礎知識から、業界動向、ロジスティクスへの展開、コスト管理、物流作業の自動化・省人化、そして環境対応まで、仕事にスグに役立つ実践的入門書。

図解でわかる棚卸資産の実務 いちばん最初に読む本

六角 明雄 著　定価 1980円

棚卸資産に関する会計・税務の基礎知識から、かしこい評価・実地棚卸・管理のしかたまで、豊富なイラスト図解とわかりやすい解説で初めての人でもやさしく理解できる入門実務書。

部門別に活かす
DX戦略のつくり方・すすめ方＜実践編＞

神谷 俊彦 編著　定価 2200円

生産性向上、業務改善のためには戦略的なＤＸ化の推進・実践が欠かせない。製造部門などの「業務ＤＸ」を実現して成果を上げるためのヒントとテクニックをやさしく解説する本。